Catecismo Mayor y Menor de Westminster (1648)

Catecismo Mayor y Menor

de WESTMINTER

. **ISBN-13: 978-1497430617**

ISBN-10: 1497430615

Los Editores

Iglesia Puritana Reformada en Argentina presenta aquí El Catecismo Mayor y Menor de Westminster (originales de 1648) en este segundo volumen, siendo el primero la confesión de Fe de 1647.

Acordado por la Asamblea de Teólogos en Westminster, con la asistencia de los delegados de la Iglesia de Escocia, como parte de la uniformidad pactada y establecida en religión entre las iglesias de Cristo en los reinos de Escocia, Inglaterra e Irlanda. El Mayor y el fue aprobado por la Asamblea General de la Iglesia de Escocia, en 1648, siendo el Mayor para ser un Directorio para catequizar a los que tienen habilidad en la fundaciÃ³n religiosa., y el Menor para ser un Directorio para catequizar a los que son de débil capacidad. ambos con pruebas de las Escrituras.

Catecismo Mayor y Menor

de WESTMINTER

INDICE

19

P. 1. ¿Cuál es el fin principal y más alto del hombre?

R. El fin principal y más alto del hombre es el de glorificar a Dios[1] y gozar de Él para siempre.[2]

[1] Romanos 11:36; 1 Corintios 10:31; [2] Salmo 63:24-28; Juan 17:21-23.

P. 2. ¿Cómo sabemos que existe un Dios?

R. La mera luz de la naturaleza en el hombre y las obras de Dios manifiestan claramente que Él existe;[1] pero su Palabra y Espíritu son los únicos que suficiente y eficazmente lo revelan a los hombres para la salvación de ellos.[2]

[1] Romanos 1:19, 20; Salmo 19:1-3; Hechos 27:28; [2] 1 Corintios 2:9,10; 2 Timoteo 3:15-17; Isaías 49:21.

P. 3. ¿Qué es la Palabra de Dios?

R. Las Santas Escrituras del Antiguo y Nuevo Testamento son la Palabra de Dios,[1] la única regla de fe y obediencia.[2]

[1] 2 Timoteo 3:16; 2 Pedro 1:19-21; [2] Efesios 2:20; Apocalipsis 22:18,19; Isaías 8:20; Lucas 16:29,31; Gálatas 1:8,9; 2 Timoteo 3:15, 16.

P. 4. ¿Cómo sabemos que las Escrituras son la Palabra de Dios?

R. Las Escrituras manifiestan en sí mismas que son la Palabra de Dios por su majestad[1] y pureza;[2] por el concordancia de todas sus partes,[3] y por el fin que se proponen en el todo, cual es dar toda gloria a Dios;[4] por su luz y poder para convencer a los pecadores, para consolar y edificar a los creyentes para la salvación;[5] pero el Espíritu de Dios, dando testimonio con las Escrituras y por medio de ellas al corazón del hombre, es el único que puede persuadir plenamente de que son la verdadera Palabra de Dios.[6]

[1] Oseas 8:12; 1 Corintios 2:6, 7, 13; Salmo 119:18, 129; [2] Salmo 12:6; Salmo 119:140; [3] Hechos 10:43; Hechos 26:22; [4] Romanos 3:19, 27; [5] Hechos 28:28; Hebreos 4:12; Santiago 1:18; Salmo 19:7-9; Romanos 15:4; Hechos 15:4; Hechos 20:32; [6] Juan 16:13, 14; 1 Juan 2:20, 27; Juan 20:31.

P. 5. ¿Qué es lo que principalmente enseñan las Escrituras?

R. Lo que principalmente enseñan las Escrituras es lo que el hombre ha de creer con respecto a Dios y los deberes que Dios demanda del hombre.[1]

[1] 2 Timoteo 1:13.

LO QUE EL HOMBRE DEBE CREER ACERCA DE DIOS.

P. 6. ¿Qué nos enseñan las Escrituras respecto a Dios?

R. Las Escrituras nos enseñan lo que Dios es,[1] las personas que hay en la divinidad,[2] sus decretos[3] y la ejecución de estos.[4]

[1] Hebreos 11:6; [2] 1 Juan 5:7; [3] Hechos 15:14, 15, 18; [4] Hechos 4:27, 28.

P. 7. ¿Qué es Dios?

R. Dios es un Espíritu,[1] en sí y por sí mismo infinito en su ser,[2] gloria,[3] bienaventuranza[4] y perfección;[5] absolutamente suficiente,[6] eterno,[7] inmutable,[8] incomprensible,[9] omnipresente,[10] todopoderoso,[11] omnisciente,[12] sumamente sabio,[13] sumamente santo,[14] sumamente justo,[15] sumamente clemente y misericordioso, paciente y abundante en bondad y verdad.[16]

[1] Juan 4:24; [2] Éxodo 3:14; Job 11:7-9; [3] Hechos 7:2; [4] 1 Timoteo 6:15; [5] Mateo 5:48; [6] Génesis 17:1; [7] Salmo 90:2; [8] Malaquías 3:6; Santiago 1:17; [9] 1 Reyes 8:27; [10] Salmo 139:1-13; [11] Apocalipsis 4:8; [12] Hebreos 4:13; Salmo 147:5; [13] Romanos 16:27; [14] Isaías 6:3; [15] Deuteronomio 32:4; [16] Éxodo 34:6.

P. 8. ¿Hay más de un Dios?

R. No hay sino uno solo, el Dios vivo y verdadero.[1]

[1] Deuteronomio 6:4; 1 Corintios 8:4, 6; Jeremías 10:10.

P. 9. ¿Cuántas personas hay en la divinidad?

R. Hay tres personas en la divinidad, el Padre, el Hijo y el Espíritu Santo; estas tres son un eterno y verdadero Dios, las mismas en sustancia, iguales en poder y en gloria; aun cuando se distinguen por sus propiedades personales.[1]

[1] 1 Juan 5:7; Mateo 3:16, 17; Mateo 28:19; 2 Corintios 8:14; Juan 10:30.

P. 10. ¿Cuáles son las propiedades personales de las tres personas de la Divinidad?

R. Es propio del Padre haber engendrado al Hijo,[1] y del Hijo ser engendrado del Padre,[2] y del Espíritu Santo proceder del Padre y del Hijo ab eterno.[3]

[1] Hebreos 1:5, 6, 8; [2] Juan 1:14, 18; [3] Juan 15:26; Gálatas 4:6.

P. 11. ¿Cómo sabemos que el Hijo y el Espíritu Santo son Dios, iguales con el Padre?

R. Las Escrituras manifiestan que el Hijo y el Espíritu Santo son Dios, iguales con el Padre, atribuyéndoles nombres,[1] atributos,[2] obras,[3] y adoración[4] que sólo son propios de Dios.

[1] Isaías 6:3, 5, 8; Juan 12.41 con Hechos 28:25; 1 Juan 5:20; Hechos 5:3, 4; [2] Juan 1:1; Isaías 9:6; Juan 2:24, 25; 1 Corintios 2:10, 11; [3] Colosenses 1:16; Génesis 1:2; [4] Mateo 28:19; 2 Corintios 13:14.

P. 12. ¿Cuáles son los decretos de Dios?

R. Los decretos de Dios son los actos sabios, libres y santos del consejo de su propia voluntad,[1] por los que desde la eternidad y para su propia gloria ha preordenado inmutablemente todo lo que sucede en el tiempo,[2] especialmente en relación con los ángeles y los hombres.

[1] Efesios 1:11; Romanos 11:33; Romanos 9:14, 15, 18; [2] Efesios 1:4, 11; Romanos 9:22, 23; Salmo 33:11.

P. 13. ¿Qué es lo que Dios ha decretado especialmente con respecto a los ángeles y a los hombres?

R. Dios, por un decreto eterno e inmutable, por su puro amor, para alabanza de su gracia gloriosa que se manifiesta en debido tiempo, ha elegido algunos ángeles para la gloria;[1] y en Cristo ha escogido a algunos hombres para la vida eterna y al mismo tiempo, los medios para ellos;[2] así también, conforme a su poder soberano y al consejo inescrutable de su propia voluntad (por lo que Él concede o retira su favor según le place), ha pasado por alto, y ha preordenado el resto para deshonra e ira, que ha de ser infligida por sus pecados, para alabanza de la gloria de su justicia.[3]

[1] 1 Timoteo 5:21; [2] Efesios 1:4-6; 2 Tesalonicenses 2:13, 14; [3] Romanos 9:17, 18, 21, 22; Mateo 11:25, 26; 2 Timoteo 2:20; Judas 4; 1 Pedro 2:8.

P. 14. ¿Cómo ejecuta Dios sus decretos?

R. Dios ejecuta sus decretos en las obras de Creación y de Providencia; conforme a su presciencia infalible y al libre e inmutable consejo de su propia voluntad.[1]

[1] Efesios 1:11.

P. 15. ¿Cuál es la obra de Creación?

R. La obra de Creación es aquella por la cual Dios en el principio, por la palabra de su poder, hizo de la nada el mundo y todas las cosas que hay en éste, haciéndolas por sí mismo, en el espacio de seis días, y todas muy buenas.[1]

[1] Génesis 1; Hebreos 11:3; Proverbios 16:4.

P. 16. ¿Cómo creó Dios a los ángeles?

R. Dios creó todos los ángeles,[1] espíritus,[2] inmortales,[3] santos,[4] con un conocimiento sobresaliente,[5] fuertes en poder,[6] para ejecutar sus mandamientos y para alabanza de su nombre,[7] aunque sujetos a cambio.[8]

[1] Colosenses 1:16; [2] Salmo 104:4; [3] Mateo 22:30; [4] Mateo 25:31; [5] 2 Samuel 14:17; Mateo 24:36; [6] 2 Tesalonicenses 1:7; [7] Salmo 103:20, 21; [8] 2 Pedro 2:4.

P. 17. ¿Cómo creó Dios al hombre?

R. Después de que Dios hizo a todas las criaturas, creó al hombre, varón y hembra;[1] formando el cuerpo del hombre del polvo de la tierra,[2] y a la mujer de una costilla del hombre;[3] los dotó de almas vivientes, racionales e inmortales;[4] haciéndolos conforme a su propia imagen,[5] en ciencia,[6] justicia y santidad;[7] teniendo la ley de Dios escrita en su corazón,[8] con poder para cumplirla,[9] con dominio sobre las criaturas;[10] aunque expuestos a caer.[11]

[1] Génesis 1:27; [2] Génesis 2:7; [3] Génesis 2:22; [4] Génesis 2:7; Job 35:11; Eclesiastés 12:7 con Mateo 10:28 y con Lucas 23:43; [5] Génesis 1:27; [6] Colosenses 3:10; [7] Efesios 4:24; [8] Romanos 2:14, 15; [9] Eclesiastés 7:29; [10] Génesis 1:28; [11] Génesis 3:6; Eclesiastés 7:29.

P. 18. ¿Cuáles son las obras de Providencia de Dios?

R. Las obras de Providencia de Dios son su santa,[1] sabia[2] y poderosa preservación,[3] y gobierno[4] de todas sus criaturas; a las cuales ordena, así como a todas las acciones de ellas,[5] para su propia gloria.[6]

[1] Salmo 145:17; [2] Salmo 104:24; Isaías 28:29; [3] Hebreos 1:3; [4] Salmo 103:19; [5] Mateo 10:29, 31; Génesis 45:7; [6] Romanos 11:36; Isaías 63:14.

P. 19. ¿Cuál es la providencia de Dios para con los ángeles?

R. Dios por su Providencia permitió que algunos de los ángeles voluntaria e irremediablemente, cayeran en pecado y condenación,[1] limitando y ordenando esto, y todos sus pecados, para su propia gloria;[2] estableciendo a los demás en la santidad y en la felicidad;[3] y empleándolos a todos[4] según le place en la administración de su poder, misericordia y justicia.[5]

[1] Judas 6; 2 Pedro 2:4; Hebreos 2:16; Juan 8:44; [2] Job 1:12; Mateo 8:31; [3] 1 Timoteo 5:21; Marcos 8:38; Hebreos 12:22; [4] Salmo 104:4; [5] 2 Reyes 19:35; Hebreos 1:14.

P. 20. ¿Cuál fue la providencia de Dios para con el hombre en el estado en que éste fue creado?

R. La providencia de Dios para con el hombre en el estado en que éste fue creado consiste en haberlo colocado en e1 paraíso, disponer que lo cu1tivara, concederle libertad para comer del fruto de la tierra;[1] poner las criaturas bajo su dominio,[2] e instituir el matrimonio para su ayuda;[3] proporcionarle la comunión con Él;[4] instituir el reposo;[5] entrar en un pacto de vida con el hombre bajo condición de obediencia personal, perfecta y perpetua,[6] del cual el árbol de la vida era una prenda;[7] y prohibirle comer del árbol de la ciencia del bien y del mal, so pena de muerte.[8]

[1] Génesis 2:8, 15, 16 ; [2] Génesis 1:28 ; [3] Génesis 2:18 ; [4] Génesis 1:26-29 ; Génesis 3:8 ; [5] Génesis 2:3 ; [6] Romanos 10:5; Gálatas 3:12 ; [7] Génesis 2:9 ; [8] Génesis 2:17.

P. 21. ¿Permaneció el hombre en aquel primer estado en que Dios lo creó?

R. Nuestros primeros padres, siendo dejados a su libre albedrío, por la tentación de Satanás transgredieron el mandamiento de Dios al comer del fruto prohibido; cayendo así del estado de inocencia en que fueron creados.[1]

[1] Génesis 3:6-8, 13 ; Eclesiastés 7:29 ; 2 Corintios 11:3.

P. 22. ¿Cayó todo el género humano en la primera transgresión?

R. Habiéndose hecho el pacto con Adán como con una persona pública, no para él solo sino también para su posteridad, todo e1 género humano, descendiendo de él según la generación ordinaria,[1] pecó en él y cayó con él en la primera transgresión.[2]

[1] Hechos 17:26 ; [2] Génesis 2:16, 17; compárese con Romanos 5:13-20 y con 1 Corintios 15:21, 22.

P. 23. ¿A qué estado redujo la caída al hombre?

R. La caída redujo al hombre a un estado de pecado y de miseria.[1]

[1] Romanos 5:12; Romanos 3:23

P. 24. ¿Qué es el pecado?

R. El pecado es la falta de conformidad con la ley de Dios o la transgresión de la misma, la cual ha sido dada como regla a la criatura racional.[1]

[1] 1 Juan 3:4; Gálatas 3:10, 12

P. 25. ¿En qué consiste, lo pecaminoso del estado en que cayó el hombre?

R. Lo pecaminoso del estado en que cayó el hombre consiste en la culpabilidad del primer pecado de Adán,[1] la falta de la justicia original en que aquel fue creado, la corrupción de toda su naturaleza, por la cual está enteramente indispuesto, incapacitado y en oposición a todo lo que es espiritualmente bueno, e inclinado de un modo completo a lo malo, y esto de manera continua;[2] el cual es llamado, comúnmente pecado original, del que proceden todas nuestras transgresiones actuales.[3]

[1] Romanos 5:12, 19; [2] Romanos 3:10-19; Efesios 2:1-3; Romanos 5:6; Romanos 8:7, 8; Génesis 6:5; [3] Santiago 1:14, 15; Mateo 15:19.

P. 26. ¿Cómo se ha trasmitido el primer pecado de nuestros primeros padres a su posteridad?

R. El pecado original se ha trasmitido de nuestros primeros padres a su posteridad por la generación natural, pues todos los que proceden de ellos así de esta manera, son concebidos y nacidos en pecado.[1]

[1] Salmo 51:5; Job 14:4; Job 15:14; Juan 3:6.

P. 27. ¿En qué consiste la miseria del estado en que cayó el hombre?

R. La caída hizo que el género humano perdiera la comunión con Dios,[1] y quedara bajo el desagrado y la maldición de éste; así es que nosotros somos por naturaleza hijos de ira,[2] esclavos de Satanás[3] y justamente expuestos a todo castigo tanto en este mundo como en el venidero.[4]

[1] Génesis 3:8, 10, 24; [2] Efesios 2:2, 3; [3] 2 Timoteo 2:26; [4] Génesis 2:17; Lamentaciones 3:39; Romanos 6:23; Mateo 255:41, 46; Judas 7.

P. 28. ¿Cuáles son los castigos del pecado en este mundo?

R. Los castigos del pecado en este mundo son en parte en lo íntimo, como la ceguedad del entendimiento,[1] un sentimiento perverso,[2] engaños fuertes,[3] dureza de corazón,[4] horror de la conciencia,[5] y afectos viles;[6] en lo externo, cosas tales como la maldición de Dios a las criaturas por causa nuestra[7] y todos los males que vienen sobre nuestro cuerpo, nombre, estado, relaciones y empleos;[8] juntamente con la muerte misma.[9]

[1] Efesios 4:18; [2] Romanos 1:28; [3] 2 Tesalonicenses 2:11; [4] Romanos 2:5; [5] Isaías 33:14; Génesis 4:13; Mateo 27:4; [6] Romanos 1:26; [7] Génesis 3:17; [8] Deuteronomio 28:15-18; [9] Romanos 6:21, 23.

P. 29. ¿Cuál será el castigo del pecado en el mundo venidero?

R. El castigo del pecado en el mundo venidero será la separación eterna de la consoladora presencia de Dios, y los tormentos más graves tanto en el alma como en el cuerpo, sin interrupción, en el fuego de infierno para siempre.[1]

[1] 2 Tesalonicenses 1:9; Marcos 9:43, 44, 46, 48; Lucas 16:24.

P. 30. ¿Dejó Dios a todo el género humano perecer en su estado de pecado y de miseria?

R. Dios no dejó perecer a todos los hombres en su estado de pecado y de miseria,[1] en que habían caído por el quebrantamiento del primer pacto, llamado comúnmente pacto de obras;[2] sino que por su puro amor y misericordia libertó a sus elegidos, sacándolos de tal estado e introduciéndolos en uno de salvación por el segundo pacto, generalmente llamado pacto de gracia.[3]

[1] 1 Tesalonicenses 5:9; [2] Gálatas 3:10, 12; [3] Tito 3:4-7; Gálatas 3:21; Romanos 3:20-22.

P. 31. ¿Con quién fue hecho el pacto de gracia?

R. El pacto de gracia fue hecho con Cristo como segundo Adán, y en Él, con todos los elegidos como su simiente.[1]

[1] Gálatas 3:16; Romanos 5:15; Isaías 53:10, 11.

P. 32. ¿Cómo se manifiesta la gracia de Dios en el segundo pacto?

R. La gracia de Dios se manifiesta en el segundo pacto, en que Dios libremente provee y ofrece a los pecadores un Mediador,[1] y vida y salvación por éste;[2] y requiriendo fe como condición para que ellos tengan parte en Él,[3] promete y da su Espíritu Santo[4] a todos sus elegidos, para obrar en ellos esta fe,[5] con todas las otras gracias salvíficas;[6] y para capacitarlos para toda obediencia santa,[7] como la evidencia de la verdad de su fe,[8] y de su gratitud a Dios,[9] y como el camino que Él les ha señalado para la salvación.[10]

[1] Génesis 3:15; Isaías 42:6; Juan 6:27; [2] 1 Juan 5:11, 12; [3] Juan 3:16; Juan 1:12; [4] Proverbios 1:23; [5] 2 Corintios 4:13; [6] Gálatas 5:22, 23; [7] Ezequiel 36:27; [8] Santiago 2:18, 22; [9] 2 Corintios 5:14, 15; [10] Efesios 2:18.

P. 33. ¿El pacto de gracia ha sido administrado siempre de la misma manera?

R. El pacto de gracia no ha sido administrado siempre de la misma manera, sino que la administración de él bajo el Antiguo Testamento fue diferente de aquella bajo la cual se administra en el Nuevo.[1]

[1] 2 Corintios 3:6-.9

P. 34. ¿Cómo fue administrado el pacto de gracia bajo el Antiguo Testamento?

R. El pacto de gracia fue administrado bajo el Antiguo Testamento por promesas,[1] profecías,[2] sacrificios,[3] la circuncisión,[4] la pascua,[5] y otros tipos y ordenanzas; todas las cuales señalaban al Cristo que había de venir, y al mismo tiempo eran suficientes para edificar a los elegidos en la fe de un Mesías prometido,[6] por quien tenían remisión de pecados y salvación eterna.[7]

[1] Romanos 15:8; [2] Hechos 3:20, 24; [3] Hebreos 10:1; [4] Romanos 4:11; [5] 1 Corintios 5:7; [6] Hebreos 8, 9, 10; Hebreos 11:13; [7] Gálatas 3:7-9, 14.

P. 35. ¿Cómo es administrado el pacto de gracia bajo el Nuevo Testamento?

R. Bajo el Nuevo Testamento, cuando Cristo la sustancia fue exhibido, el pacto de gracia fue y todavía es administrado por la predicación de la Palabra,[1] por la administración de los sacramentos del Bautismo,[2] y de la Cena del Señor;[3] en los que la gracia y la salvación se manifiestan con más plenitud, evidencia y eficacia, a todas las naciones.[4]

[1] Marcos 16:15; [2] Marcos 28:19, 20; [3] 1 Corintios 11:23-25; [4] 2 Corintios 3:6 hasta el fin; Hebreos 8:6, 10, 11; Mateo 28:19.

P. 36. ¿Quién es el Mediador del pacto de gracia?

R. El único Mediador del pacto de gracia es el Señor Jesucristo,[1] quien siendo el Hijo eterno de Dios, de la misma sustancia que el Padre e igual a Él,[2] en la plenitud del tiempo se hizo hombre,[3] y así fue y continúa siendo, Dios y hombre en dos naturalezas completas y distintas en una sola persona para siempre.[4]

[1] 1 Timoteo 2:5; [2] Juan 1:1, 14; Juan 10:30; Filipenses 2:6; [3] Gálatas 4:4; [4] Lucas 1:35; Romanos 9:5; Colosenses 2:9; Hebreos 7:24-25.

P. 37. ¿Cómo se hizo Cristo hombre siendo como era el Hijo de Dios?

R. Cristo el Hijo de Dios se hizo hombre tomando para sí un cuerpo verdadero y una alma racional,[1] siendo concebido por el poder del Espíritu Santo en el vientre de la virgen María, de la sustancia de ella, de la que nació,[2] mas sin pecado.[3]

[1] Juan 1:14; Mateo 26:38; [2] Lucas 1:27, 31, 35, 42; Gálatas 4:4; [3] Hebreos 4:15; Hebreos 7:26.

P. 38. ¿Por qué era necesario que el Mediador fuera Dios?

R: Hubo necesidad de que e1 Mediador fuese Dios para que pudiera sostener y guardar la naturaleza humana de sucumbir bajo la ira infinita de Dios y bajo el poder de la muerte,[1] para darles dignidad y eficacia a sus sufrimientos, obediencia e intercesión;[2] y satisfacer así la justicia de Dios,[3] alcanzar su favor,[4] comprar un pueblo especial,[5] dar su Espíritu a sus elegidos,[6] vencer a todos los enemigos de éstos[7] y traer a su pueblo a la salvación eterna.[8]

[1] Hechos 2:24, 25; Romanos 1:4; compárese con Hechos 9:14; [2] Hechos 20:28; Hebreos 9:14; Hebreos 7:25-28; [3] Romanos 3:24-26; [4] Efesios 1:6; Mateo 3:17; [5] Tito 2:13, 14; [6] Gálatas 4:6; [7] Lucas 1:68, 69, 71, 74; [8] Hebreos 5:8, 9; Hebreos 9:11-15.

P. 39. ¿Por qué era necesario que el Mediador fuera hombre?

R. Era necesario que el Mediador fuese hombre para que levantara nuestra naturaleza,[1] para que pudiera prestar obediencia a la ley,[2] sufrir e interceder por nosotros en nuestra naturaleza,[3] y sentir con nosotros nuestras debilidades;[4] para que pudiéramos recibir la adopción de hijos,[5] y tuviéramos animo y libre acceso al trono de la gracia.[6]

[1] Hebreos 2:16; [2] Gálatas 4:4; [3] Hebreos 2:14; Hebreos 7:24-25; [4] Hebreos 4:15; [5] Gálatas 4:5; [6] Hebreos 4:16.

P. 40. ¿Por qué era necesario que el Mediador fuera Dios y hombre en una sola persona?

R. Era necesario que el Mediador que iba a reconciliar a Dios y al hombre fuese Dios y hombre, y esto en una sola persona, para que las obras propias de cada naturaleza las aceptara Dios por nos¬otros,[1] y nosotros confiáramos en ellas, como las obras de toda la persona.[2]

[1] Mateo 1:21, 23; Mateo 3:17; Hebreos 9:14; [2] 1 Pedro 2:6.

P. 41. ¿Por qué nuestro Mediador fue llamado Jesús?

R. Nuestro Mediador fue llamado Jesús porque Él salvaría a su pueblo de todos sus pecados.[1]

[1] Mateo 1:21

P. 42. ¿Por qué nuestro Mediador fue llamado Cristo?

R. Nuestro Mediador fue llamado Cristo porque fue ungido sin medida con el Espíritu Santo,[1] y así fue apartado y plenamente revestido con toda autoridad y capacidad,[2] para que desempeñara los oficios de Profeta,[3] Sacerdote,[4] y Rey de su iglesia,[5] tanto en el estado de su humillación como de su exaltación.

[1] Juan 3:34; Salmo 45:7; [2] Juan 6:27; Mateo 28:18-20; [3] Hechos 3:21, 22; Lucas 4:18, 21; [4] Hebreos 5:5-7; Hebreos 4:14, 15; [5] Salmo 2:6; Mateo 21:5; Isaías 9:6, 7; Filipenses 2:8-11.

P. 43. ¿Cómo desempeña Cristo el oficio de Profeta?

R. Cristo desempeña el oficio de Profeta revelando a su iglesia en todas las épocas,[1] por su Palabra y Espíritu,[2] y por revelaciones hechas de diversas maneras,[3] toda la voluntad de Dios,[4] sobre todas las cosas concernientes a la edificación y salvación de su pueblo.[5]

[1] Juan 1:18; [2] 1 Pedro 1:10-12; [3] Hebreos 1:1, 2; [4] Juan 15:15; [5] Hechos 20:32; Efesios 4:11-13; Juan 20:31.

P. 44. ¿Cómo desempeña Cristo el oficio de Sacerdote?

R. Cristo desempeña el oficio de Sacerdote habiéndose ofrecido a sí mismo una sola vez en sacrificio sin mancha a Dios,[1] para hacer la reconciliación par los pecados de su pueblo;[2] e intercediendo continuamente por éste.[3]

[1] Hebreos 9:14, 28; [2] Hebreos 2:17; [3] Hebreos 7:25.

P. 45. ¿Cómo desempeña Cristo el oficio de Rey?

R. Cristo desempeña el oficio de Rey llamando fuera del mundo un pueblo para sí mismo,[1] dándole ministros,[2] leyes,[3] censuras, por las cuales cosas Él gobierna de una manera visible;[4] concediendo su gracia salvadora a sus elegidos,[5] recompensando su obediencia,[6] y castigándolos por sus pecados para su corrección,[7] preservándolos y sosteniéndolos en todas las tentaciones y sufrimientos,[8] restringiendo y venciendo a todos sus enemigos,[9] y ordenando poderosamente todas las cosas para su propia gloria,[10] y para el bien de ellos,[11] y asimismo tomando venganza del resto, quienes no conocen a Dios ni obedecen al evangelio.[12]

[1] Hechos 15:14-16; Isaías 55:4, 5; Génesis 49:10; Salmo 110:3; [2] Efesios 4:11, 12; 1 Corintios 12:28; [3] Isaías 33:22; [4] Mateo 18:17, 18; 1 Corintios 5:4, 5; [5] Hechos 5:31; [6] Apocalipsis 22:12; Apocalipsis 2:10; [7] Apocalipsis 3:19; [8] Isaías 63:9 [9] 1 Corintios 15:25; Salmo 110; [10] Romanos 14:10, 11; [11] Romanos 8:28; [12] 2 Tesalonicenses 1:8, 9; Salmo 2:8, 9.

P. 46. ¿Cuál fue el estado de humillación de Cristo?

R. El estado de humillación de Cristo fue aquella baja condición en la cual por amor a nosotros se despojó de su gloria y tomó la forma de siervo, en su concepción, nacimiento, vida y muerte, y después de la muerte, hasta su resurrección.[1]

[1] Filipenses 2:6-8; Lucas 1:31; 2 Corintios 8:9; Hechos 2:24.

P. 47 ¿Cómo se humilló Cristo en su concepción?

R. Cristo se humilló en su concepción y nacimiento en que, siendo desde la eternidad el Hijo de Dios en el seno del Padre, le plugo, en el cumplimiento del tiempo, hacerse el hijo del hombre, hecho de una mujer de condición humilde, y nacer de ella; con otras diversas circunstancias que hacen extraordinaria su humillación. [1]

[1] Juan 1:14, 18; Gálatas 4:4; Lucas 2:7.

P. 48. ¿Cómo se humilló Cristo en esta vida?

R. Cristo se humilló en esta vida al sujetarse a la ley,[1] la cual cumplió perfectamente;[2] y al luchar con las cosas indignas del mundo,[3] las tentaciones de Satanás,[4] las debilidades de su carne, sean las comunes a la naturaleza del hombre, o las que acompañan particularmente a ésta su baja condición.[5]

[1] Gálatas 4:4; [2] Mateo 5:17, 19; Romanos 5:19; [3] Salmo 22:6; Hebreos 12:2, 3; [4] Mateo 4:1-12; Lucas 4:13; [5] Hebreos 2:17, 18; Hebreos 4:15; Isaías 52:13, 14.

P. 49. ¿Cómo se humilló Cristo en su muerte?

R. Cristo fue humillado en su muerte al haber sido entregado por Judas,[1] abandonado por sus discípulos,[2] despreciado y desechado por el mundo,[3] condenado por Pilato y atormentado por sus perseguidores;[4] por haber luchado también con los terrores de la muerte y con los poderes de las tinieblas, y sentido y llevado el peso de la ira de Dios,[5] en haber puesto su vida como ofrenda por e1 pecado,[6] y en sufrir la muerte penosa, ignominiosa y maldita de la cruz.[7]

Catecismo Mayor y Menor

de WESTMINTER

[1] Mateo 27:4; [2] Mateo 26:56; [3] Isaías 53:2, 3; [4] Mateo 27:26-50; Juan 19:34; [5] Lucas 22:44; Mateo 27:46; [6] Isaías 53:10; [7] Filipenses 2:8; Hebreos 12:2; Gálatas 3:13.

P. 50. ¿Cómo se humilló Cristo después de la muerte?

R. La humillación de Cristo después de la muerte consistió en ser sepultado,[1] en continuar en el estado de la muerte y bajo el poder de la muerte hasta e1 tercer día;[2] lo que ha sido expresado de otra manera en estas palabras: Descendió al infierno.

[1] 1 Corintios 15:3, 4; [2] Salmo 16:10 con Hechos 2:24-27, 31; Romanos 6:9; Mateo 12:40.

P. 51. ¿Cuál es el estado de exa1tación de Cristo?

R: El estado de exaltación de Cristo comprende su resurrección,[1] ascensión,[2] el estar sentado a la diestra del Padre,[3] y su regreso a juzgar el mundo.[4]

[1] 1 Corintios 15:4; [2] Marcos 16:19; [3] Efesios 1:20; [4] Hechos 1:11; Hechos 17:31.

P. 52. ¿Cómo fue exaltado Cristo en su resurrección?

R. Cristo fue exaltado en su resurrección porque, no habiendo visto corrupción en su muerte (en la que no pudo ser retenido),[1] y teniendo el mismo cuerpo en el que sufrió, con las propiedades esenciales del mismo,[2] (pero sin la mortalidad, y otras enfermedades comunes pertenecientes a esta vida), estando realmente unido a su alma,[3] se levantó por su propio poder al tercer día de entre los muertos;[4] por lo cual Él se declaró a sí mismo ser Hijo de Dios,[5] haber satisfecho la justicia divina,[6] haber vencido la muerte, y al que tiene el poder de ella,[7] y ser el Señor de vivos y muertos;[8] todo lo cual lo hizo como persona pública,[9] co¬mo la cabeza de su Iglesia,[10] para su justificación,[11] vivificación en la gracia,[12] sostenerla contra los enemigos,[13] y asegurarles la resurrección de entre los muertos en el último día.[14]

[1] Hechos 2:24, 27; [2] Lucas 24:39; [3] Romanos 6:9; Apocalipsis 1:18; [4] Juan 10:18; [5] Romanos 1:4; [6] Romanos 8:34; [7] Hebreos 2:14; [8] Romanos 14:9; [9] 1 Corintios 15:21, 22; [10] Efesios 1:20, 22, 23; Colosenses 1:18; [11] Romanos 4:25; [12] Efesios 2:1, 5, 6; Colosenses 2:12; [13] 1 Corintios 15:25, 27; [14] 1 Corintios 15:20.

P. 53. ¿Cómo fue exaltado Cristo en su ascensión?

R. Cristo fue exaltado en su ascensión en que, habiendo aparecido y conversado frecuentemente con sus discípulos después de su resurrección, hablándoles de las cosas pertenecientes al reino de Dios,[1] y dándoles la comisión de predicar el evangelio en todas las naciones,[2] cuarenta días después de su resurrección, Él, en nuestra naturaleza y como cabeza nuestra,[3] triunfando sobre sus enemigos,[4] subió visiblemente a los altos cielos para recibir dones para los hombres,[5] y elevar hacia allá nuestros afectos,[6] y preparar un lugar para nosotros,[7] donde Él está y seguirá estando hasta su segunda venida al final del mundo.[8]

[1] Hechos 1:2, 3; [2] Mateo 28:19, 20; [3] Hebreos 6:20; [4] Ef. 4:8; [5] Hechos 1:9-11; Efesios 4:10; Salmo 68:18; [6] Colosenses 3:1, 2; [7] Juan 14:3; [8] Hechos 3:21.

P. 54. ¿Cómo ha sido Cristo exaltado sentándose a la diestra de Dios?

R. Cristo ha sido exaltado sentándose a la diestra de Dios, en que como Dios-hombre fue elevado al más alto favor con Dios el Padre,[1] con toda la plenitud de gozo,[2] gloria,[3] y poder sobre todas las cosas en el cielo y en la tierra;[4] y reúne y defiende a su iglesia, y subyuga a sus enemigos; equipa a los ministros y al pueblo con dones y gracias,[5] y hace intercesión por ellos.[6]

[1] Filipenses 2:9; [2] Hechos 2:28 con Salmo 16:11; [3] Juan 17:5; [4] Efesios 1:22; 1 Pedro 3:22; [5] Efesios 4:10-12; Salmo 110; [6] Romanos 8:34.

P. 55. ¿Cómo intercede Cristo?

R. Cristo intercede, por su aparición en nuestra naturaleza continuamente delante del Padre en el cielo,[1] en el mérito de su obediencia y sacrificio en la tierra,[2] declarando su voluntad de que se aplique a todos los creyentes;[3] respondiendo a todas las acusaciones hechas contra ellos,[4] y procurando para ellos la quietud de conciencia, a pesar de las caídas diarias,[5] el acceso con confianza al trono de la gracia,[6] y la aceptación de sus personas[7] y servicios.[8]

[1] Hebreos 9:12, 24; [2] Hebreos 1:3; [3] Juan 3:16; Juan 17:9, 20, 24; [4] Romanos 8:33, 34; [5] Romanos 5:1, 2; 1 Juan 2:1, 2; [6] Hebreos 4:16; [7] Efesios 1:6; [8] 1 Pedro 2:5.

P. 56. ¿Cómo será exaltado Cristo en su regreso para juzgar al mundo?

R. Cristo será exaltado su venida para juzgar al mundo en que Él, que fue juzgado injustamente y condenado por hombres malvados,[1] vendrá otra vez en el último día con gran poder,[2] y en la plena manifestación de su gloria propia y en la de su Padre, con todos sus santos ángeles,[3] con aclamación, con la voz del arcángel y con la trompeta de Dios,[4] a juzgar al mundo en justicia.[5]

[1] Hechos 3:14, 15; [2] Mateo 24:30; [3] Lucas 9:26; Mateo 35:31; [4] 1 Tesalonicenses 4:16; [5] Hechos 17:31.

P. 57. ¿Qué beneficios ha logrado Cristo por su mediación?

R. Cristo ha logrado por su mediación, la redención, [1] y todos los beneficios del pacto de gracia. [2]

[1] Hebreos 9:12; [2] 2 Corintios 1:20.

P. 58. ¿Cómo somos hechos partícipes de la redención que Cristo ha procurado?

R. Somos hechos partícipes de los beneficios que Cristo ha procurado, por la aplicación de ellos a nosotros,[1] lo cual es la obra especial de Dios Espíritu Santo.[2]

[1] Juan 1:11, 12; [2] Tito 3:5, 6.

P. 59. ¿Quiénes son hechos partícipes de la redención por Cristo?

R. La redención es ciertamente aplicada, y comunicada eficazmente, a todos aquellos para quienes Cristo la compró;[1] quienes son en el tiempo capacitados por el Espíritu Santo para creer en Cristo conforme al evangelio.[2]

[1] Efesios 1:13, 14; Juan 6:37, 39; Juan 10:15, 16; [2] Efesios 2:8; 2 Corintios 4:13.

P. 60. ¿Pueden los que nunca han oído el evangelio y que por lo tanto no conocen a Cristo ni creen en Él, ser salvos según su modo de vivir

36

conforme a la luz de la naturaleza?

R. Aquellos que nunca han oído el evangelio,[1] que no conocen a Jesucristo,[2] ni creen en Él, no pueden ser salvos,[3] aunque sean diligentes en ajustar su vida a la luz natural,[4] y a las leyes de la religión que profesen;[5] ni hay salvación en ningún otro sino solamente en Cristo,[6] quien es el único salvador de su cuerpo, es a saber la iglesia.[7]

[1] Romanos 10:14; [2] 2 Tesalonicenses 1:8, 9; Efesios 2:12; Juan 1:10-12; [3] Juan 8:24; Marcos 16:16; [4] 1 Corintios 1:20-24; [5] Juan 4:22; Romanos 9:31, 32; Filipenses 3:4-9; [6] Hechos 4:12; [7] Efesios 5:23.

P. 61. ¿Serán salvos todos los que oyen el evangelio y viven en relación con la iglesia?

R. No todos los que oyen el evangelio y viven en relación con la iglesia visible serán salvos; sino solamente aquellos que son miembros verdaderos de la iglesia invisible.[1]

[1] Juan 12:38-40; Romanos 9:6; Mateo 22:14; Mateo 7:21; Romanos 10:7.

P. 62. ¿Qué es la iglesia visible?

R. La iglesia visible es una sociedad formada par todos aquellos que, en todos los tiempos y lugares del mundo, profesan la religión verdadera,[1] juntamente con sus hijos.[2]

[1] 1 Corintios 1:2; 1 Corintios 12:13; Romanos 15:9-12; Apocalipsis 7:9; Salmo 2:8; Salmo 12:27-31; Salmo 45:17; Mateo 28:19, 20; Isaías 59:21; [2] 1 Corintios 7:14; Hechos 2:39; Romanos 11:16; Génesis 17:7.

P. 63. ¿Cuáles son los privilegios especiales de la Iglesia visible?

R. La iglesia visible tiene e1 privilegio de estar bajo el gobierno y cuidado especial de Dios;[1] de ser protegida y preservada en todos los tiempos, no obstante la oposición de todos sus enemigos;[2] de disfrutar de la comunión de los santos, los medios ordinarios de salvación,[3] y las ofertas de gracia hechas por Cristo a todos los miembros de su iglesia por el ministerio del evangelio, testificando que todos los que creen en Él serán salvos,[4] y sin excluir a ninguno que venga a Él.[5]

[1] Isaías 4:5, 6; 1 Timoteo 4:10; [2] Salmo 115:1, 2, 9; Isaías 31:4, 5; Zacarías 12:2, 3, 4, 8, 9; [3] Hechos 2:39, 42; [4] Salmo 147:19, 20; Romanos 9:4; Efesios 4:11, 12; Marcos 16:15, 16; [5] Juan 6:37.

P. 64. ¿Qué es la iglesia invisible?

R. La iglesia invisible es todo el número de los elegidos, que han sido, son y serán reunidos en uno bajo Cristo la cabeza.[1]

[1] Efesios 1:10, 22, 23; Juan 10:16; Juan 11:52.

P. 65. ¿Cuáles son los beneficios especiales de que gozan por Cristo los miembros de la iglesia invisible?

R. Los miembros de la iglesia invisible gozan por Cristo de unión y comunión con Él en gracia y gloria.[1]

[1] Juan 17:21; Efesios 2:5, 6; Juan 17:24.

P. 66. ¿Cuál es aquella unión que los elegidos tienen con Cristo?

R. La unión que los elegidos tienen con Cristo es la obra de la gracia de Dios,[1] por la que ellos están espiritual y místicamente, pero real y de una manera inseparable, unidos a Cristo como su cabeza y esposo;[2] lo cual es hecho en su llamamiento eficaz.[3]

[1] Efesios 1:22; Efesios 2:6-8; [2] 1 Corintios 6:17; Juan 10:28; Efesios 5:23, 30; [3] 1 Pedro 5:10; 1 Corintios 1:9.

P. 67. ¿Qué es llamamiento eficaz?

R. Llamamiento eficaz es la obra de la gracia y del poder omnipotente de Dios,[1] por la que (de su libre y especial amor a sus elegidos y sin que haya en ellos nada que lo mueva a ello),[2] en el tiempo acepto los invita y trae a Jesucristo por su palabra y Espíritu;[3] iluminando salvíficamente sus mentes,[4] renovando y determinando de un modo poderoso sus voluntades,[5] de manera, que ellos (aun cuando están muertos en pecado) son por esta obra hechos voluntarios y capaces para responder libremente a su llamamiento, y aceptar y abrazar la gracia ofrecida y trasmitida en él.[6]

[1] Juan 5:25; Efesios 1:18-20; 2 Timoteo 1:8, 9; [2] Tito 3:4, 5; Efesios 2:4, 5, 7, 8; Romanos 9:11 [3] 2 Corintios 5:20; compárese con 2 Corintios 6:1, 2; Juan 6:44; 2 Tesalonicenses 2:13, 14; [4] Hechos 26:18; 1 Corintios 2:10, 12; [5] Ezequiel 11:19; Ezequiel 36:26, 27; Juan 6:45 [6] Efesios 2:5; Filipenses 2:13; Deuteronomio 30:6.

P. 68. ¿Sólo los elegidos son eficazmente llamados?

R. Todos los elegidos, y solamente ellos, son eficazmente llamados;[1] aun cuando otros son llamados externamente por el ministerio de la palabra,[2] y gozan de las operaciones comunes del Espíritu;[3] los cuales, por su negligencia y desprecio voluntario de la gracia ofrecida a ellos, son dejados justamente en su incredulidad, y nunca vienen en verdad a Jesucristo.[4]

[1] Hechos 13:48; [2] Mateo 22:14; [3] Mateo 7:22; Mateo 13:20, 21; Hebreos 6:4-6; [4] Juan 12:38-40; Hechos 28:25-27; Juan 6:64, 65; Salmo 81:11, 12.

P. 69. ¿Cuál es la comunión en gracia que 1os miembros de la iglesia invisible tienen con Cristo?

R. La comunión en gracia que los miembros de la iglesia invisible tienen con Cristo, es la participación de la virtud de su mediación en la justificación,[1] adopción,[2] santificación y cualquiera otra cosa que en esta vida manifieste esta unión con Él.[3]

[1] Romanos 8:30; [2] Efesios 1:5; [3] 1 Corintios 1:30.

P. 70. ¿Qué es la justificación?

R. La justificación es un acto de la libre gracia de Dios para con los pecadores,[1] por el cual Él perdona todos sus pecados, acepta y estima sus personas como justas a su vista;[2] y esto no por alguna cosa hecha en ellos o por ellos,[3] sino solamente por la obediencia perfecta y satisfacción plena que dio Cristo, que Dios les imputa,[4] y que reciben por la fe únicamente.[5]

[1] Romanos 3:22, 24, 25; Romanos 4:5; [2] 2 Corintios 5:19, 21; Romanos 3:22, 24, 25, 27, 28; [3] Tito 3:5, 7; Efesios 1:7; [4] Romanos 5:17-19; Romanos 4:6-8; [5] Hechos 10:43; Gálatas 2:16; Filipenses 3:9.

P. 71. ¿Cómo es la justificación un acto de la libre gracia de Dios?

R. Aunque Cristo, por su obediencia y muerte hizo una satisfacción propia, real y plena de la justicia de Dios en representación de aquellos que son justificados;[1] sin embargo, en la medida en que Dios acepta la satisfacción de un fiador, la cual Él pudo demandar de ellos, y proveyó de este fiador, su único Hijo,[2] imputando la justicia de éste a ellos,[3] sin requerir para su justificación más que la fe,[4] la cual también es su don,[5] esta justificación es para ellos de libre gracia.[6]

[1] Romanos 5:8, 10, 19; [2] 1 Timoteo 2:5,6; Hebreos 10:10; Mateo 20:28; Daniel 9:24, 26; Isaías 53:4-6, 10-12; Hebreos 7:22; Romanos 8:32; 1 Pedro 1:18, 19; [3] 2 Corintios 5:21; [4] Romanos 3:24, 25; [5] Efesios 2:8; [6] Efesios 1:7.

P. 72. ¿Qué es la fe que justifica?

R. La fe que justifica es una gracia salvífica,[1] operada en el corazón del pecador por el Espíritu[2] y palabra de Dios,[3] por la que él, siendo convencido de su pecado y miseria, de la incapacidad en sí y en otras criaturas para libertarse de su estado de perdición,[4] no solamente asiente a la verdad de la promesa del evangelio,[5] sino que también recibe a Cristo y descansa en Él y en su justicia, que le es ofrecida, para perdón de pecado,[6] y para la aceptación y estimación de su persona como justa delante de Dios para salvación.[7]

[1] Hebreos 10:39; [2] 2 Corintios 4:13; Efesios 1:17-19; [3] Romanos 10:14, 17; [4] Hechos 2:37; Hechos 16:30; Juan 16:8, 9; Romanos 5:6; Efesios 2:1; Hechos 4:12; [5] Efesios 1:13; [6] Juan 1:12; Hechos 16:31; Hechos 10:43; [7] Filipenses 3:9; Hechos 15:11.

P. 73. ¿Cómo justifica la fe a un pecador delante de Dios?

R. La fe justifica a un pecador delante de Dios, no por causa de las otras gracias que la acompañan, o por las buenas obras que son el fruto de ella,[1] ni como si la gracia de la fe, o algún acto de ella, fuese imputado para justificación;[2] sino solamente como un instrumento por e1 cual el pecador recibe y se aplica a Cristo y su justicia.[3]

[1] Gálatas 3:11; Romanos 3:28; [2] Romanos 4:5 compare con Romanos 10:10; [3] Juan 1:12; Filipenses 3:9; Gálatas 2:16.

P. 74. ¿Qué es la adopción?

R. La adopción es un acto de la libre gracia de Dios,[1] en su Hijo Jesucristo y solamente por Él,[2] por la cual todos aquellos que son justificados son recibidos en el numero de los hijos,[3] tienen su nombre escrito en ellos,[4] les es dado el Espíritu de su Hijo,[5] están bajo su cuidado y dispensación paternales,[6] son admitidos a todos los privilegios y libertades de los hijos de Dios, hechos herederos de todas las promesas y coherederos de Cristo en gloria.[7]

[1]1 Juan 3:1; [2] Efesios 1:5; Gálatas 4:4, 5; [3] Juan 1:12; [4] 2 Corintios 6:18; Apocalipsis 3:12; [5] Gálatas 4:6; [6] Salmo 103:13; Proverbios 14:26; Mateo 6:32; [7] Hebreos 6:12; Romanos 8:17.

P. 75. ¿Qué es la santificación?

R. La santificación es una obra de la libre gracia de Dios por la cual aquellos que Dios ha escogido antes de la fundación del mundo para que fuesen santos, son en el tiempo, por la poderosa operación del Espíritu Santo,[1] quien les aplica la muerte y resurrección de Cristo,[2] renovados en todo el hombre conforme a la imagen de Dios;[3] teniendo puestos en su corazón la simiente del arrepentimiento para vida y de todas las otras gracias salvadoras,[4] excitadas, aumentadas, y fortalecidas,[5] de tal manera que ellos mueren cada día más y más para el pecado, y se levantan a no¬vedad de vida.[6]

[1] Efesios 1:4; 1 Corintios 6:11; 2 Tesalonicenses 2:13; [2] Romanos 6:4-6; [3] Efesios 4:23, 24; [4] Hechos 11:18; 1 Juan 3:9; [5] Judas 20; Hebreos 6:11, 12; Efesios 3:16-19; Colosenses 1:10, 11; [6] Romanos 6:4, 6, 14; Gálatas 5:24.

P. 76. ¿Qué es el arrepentimiento para vida?

R. El arrepentimiento para vida es una gracia salvífica[1] operada en el corazón del pecador por e1 Espíritu[2] y la Palabra de Dios,[3] por la cual, movido por la visión, no sólo de lo peligroso,[4] sino también de lo inmundo y odioso de sus pecados,[5] y sobre la base de la aprehensión de la misericordia de Dios en Cristo para aquellos que son penitentes,[6] el pecador siente tanta tristeza por sus pecados,[7] y los odian tanto[8], que se tornan de todos ellos a Dios,[9] proponiéndose y esforzándose constantemente en andar con el Señor en todos los caminos de nueva obediencia.[10]

[1] 2 Timoteo 2:25; [2] Zacarías 12:10; [3] Hechos 11:18, 20, 21 [4] Ezequiel 28:28, 30, 32; Lucas 15:17, 18; Oseas 2:6, 7; [5] Ezequiel 36:31; Isaías 30:22; [6] Joel 2:12, 13; [7] Jeremías 31:18, 19; [8] 2 Corintios 7:11; [9] Hechos 26:18; Ezequiel 14:6; 1 Reyes 8:47, 48; [10] Salmo 119:6, 59, 128; Lucas 1:6; 2 Reyes 23:25.

P. 77. ¿En qué se diferencian la justificación y la santificación?

R. Aun cuando la santificación va inseparablemente unida a la justificación,[1] sin embargo, ellas se diferencian en que en la justificación Dios imputa la justicia de Cristo;[2] y en la santificación el Espíritu infunde gracia, y capacidad para el ejercicio de la misma;[3] en la primera, el pecado es perdonado;[4] en la otra es subyugado;[5] la una hace igualmente libres a todos los creyentes de la ira vengadora de Dios, y esto perfectamente en esta vida, de modo que nunca caigan en condenación;[6] la otra ni es igual en todos,[7] ni es perfecta en esta vida,[8] sino que va creciendo en perfección.[9]

[1] 1 Corintios 6:11; 1 Corintios 1:30; [2] Romanos 4:6, 8; [3] Ezequiel 36:27; [4] Romanos 3:24, 25; [5] Romanos 6:6, 14; [6] Romanos 8:33, 34; [7] 1 Juan 2:12-14; Hebreos 5:12-14; [8] 1 Juan 1:8, 10; [9] 2 Corintios 7:1; Filipenses 3:12-14.

P. 78. ¿De qué proviene lo imperfecto de la santificación en los creyentes?

R. Lo imperfecto de la santificación en los creyentes proviene de los restos de pecado que aún quedan en cada parte de ellos, y de la lucha de la carne contra el Espíritu; por lo que ellos son perturbados frecuentemente por las tentaciones, y caen en muchos pecados,[1] son estorbados en sus servicios espirituales,[2] y sus mejores obras son imperfectas e inmundas a la vista de Dios.[3]

[1] Romanos 7:18, 23; Marcos 14:66 hasta el fin; Gálatas 2:11, 12; [2] Hebreos 12:1; [3] Isaías 64:6; Éxodo 28:38.

P. 79. ¿Pueden los creyentes, por razón de sus imperfecciones, por las muchas tentaciones con las que son asaltados, caer del estado de gracia?

R. Los verdaderos creyentes, por razón del amor inmutable de Dios,[1] su decreto y pacto para darles perseverancia,[2] de su unión inseparable con Cristo,[3] de la intercesión continua de éste por ellos,[4] y del Espíritu y simiente de Dios que mora en ellos,[5] no pueden caer ni total ni finalmente del estado de gracia,[6] sino que serán guardados por el poder de Dios por medio de la fe para salvación.[7]

[1] Jeremías 31:3; [2] 2 Timoteo 2:19; Hebreos 13:20, 21; 2 Samuel 23:5; [3] 1 Corintios 1:8, 9; [4] Hebreos 7:25; Lucas 12:32; [5] 1 Juan 3:9; 1 Juan 2:27; [6] Jeremías 32:40; Juan 10:28; [7] 1 Pedro 1:5.

P. 80. ¿Pueden los creyentes estar seguros infaliblemente de que están en estado de gracia y que perseverarán en él para salvación?

R. Todos los que son verdaderos creyentes en Cristo, y se esfuerzan en andar con buena conciencia delante de Él,[1] pueden, sin una revelación extraordinaria, por la fe basada en la verdad de las promesas de Dios, y por la capacidad que les da el Espíritu para discernir en ellos aquellas gracias a las cuales son hechas las promesas de vida,[2] y dándoles testimonio con sus espíritus de que son hijos de Dios,[3] pueden estar infaliblemente seguros de que están en el estado de gracia y que perseverarán en él para salvación.[4]

[1] 1 Juan 2:3; [2] 1 Corintios 2:12; 1 Juan 3:14, 18, 19, 21, 24; 1 Juan 4:13, 16; Hebreos 6:11, 12; [3] Romanos 8:16; [4] 1 Juan 5:13.

P. 81. ¿Todos los verdaderos creyentes en todo tiempo están seguros de que viven en un estado de gracia y de que serán salvos?

R. Puesto que la seguridad de la gracia y de la salvación no son de la esencia de la fe,[1] los verdaderos creyentes pueden esperar mucho tiempo antes de obtenerla;[2] y después de haberla disfrutado, puede debilitarse y sufrir intermitencias, por razón de las muchas perturbaciones, pecados, tentaciones y deserciones;[3] sin embargo, ellos nunca son dejados sin ningún sostén y presencia del Espíritu de Dios que los guarde de caer en la total desesperación.[4]

[1] Efesios 1:13; [2] Isaías 50:10; Salmo 88:1-3,6,7,9,10,13-15; [3] Salmo 77:1-12; Cantares 5:2,3,6; Salmo 51:8, 12; Salmo 31:22; Salmo 22:1; [4] 1 Juan 3:9; Job 13:15; Salmo 73:15, 23; Isaías 54:7-10.

P. 82. ¿Cuál es la comunión en gloria que los miembros de la iglesia invisible tienen con Cristo?

R. La comunión en gloria que los miembros de la iglesia invisible tienen con Cristo, es en esta vida,[1] inmediatamente después de la muerte,[2] y al final perfeccionada en la resurrección y en el día del juicio.[3]

[1] 2 Corintios 3:18; [2] Lucas 23:43; [3] 1 Tesalonicenses 4:17.

P. 83. ¿Cuál es la comunión en gloria con Cristo que los miembros de la iglesia invisible gozan en esta vida?

R. A los miembros de la iglesia invisible se les comunican en esta vida las primicias de la gloria con Cristo, puesto que ellos son miembros de Él su cabeza, y así en Él son llevados a participar en aquella gloria de la que Él tiene posesión en toda su plenitud;[1] y como arras de la misma ellos gozan el sentimiento del amor de Dios,[2] paz de conciencia, gozo en el Espíritu Santo y esperanza de la gloria;[3] como por el contrario, el sentimiento de la ira vengadora de Dios, horror de conciencia, y una expectación temerosa de juicio, son para los malvados el principio de los tormentos que ellos sufrirán después de la muerte.[4]

[1] Efesios 2:5, 6; [2] Romanos 5:5, 6; 2 Corintios 1:22; [3] Romanos 5:1, 2; Romanos 14:17; [4] Génesis 4:13; Mateo 27:4; Hebreos 10:27; Romanos 2:9; Marcos 9:44.

P. 84. ¿Morirán todos los hombres?

R. Habiendo sido el hombre amenazado con la muerte como pago del pecado,[1] está establecido que todos los hombres mueran una vez,[2] por cuanto todos han pecado.[3]

[1] Romanos 6:23; [2] Hebreos 9:27; [3] Romanos 5:12.

P. 85. Siendo la muerte la paga del pecado, ¿cómo es que los justos no son librados de ella, puesto que sus pecados son perdonados en Cristo?

R. Los justos serán librados de la muerte misma en el día final, y aun en la muerte son librados del aguijón y maldición de ella;[1] de modo que, aunque ellos mueren, esto proviene del amor de Dios,[2] para hacerles perfectamente libres del pecado y de la miseria,[3] y aptos para la comunión más íntima con Cristo, en gloria, a la cual ellos entonces entran.[4]

[1] 1 Corintios 15:26, 55-57; Hebreos 2:15; [2] Isaías 52:1, 2; 2 Reyes 22:20; [3] Apocalipsis 14:13; Efesios 5:27 [4] Lucas 23:43; Filipenses 1:23.

P. 86. ¿Cuál es la comunión en gloria con Cristo que los miembros de la iglesia invisible gozan inmediatamente después de la muerte?

R. La comunión en gloria con Cristo que los miembros de la iglesia invisible gozan inmediatamente después de la muerte, consiste en que sus almas son hechas perfectas en santidad,[1] y recibidas en los más altos cielos,[2] donde los miran el rostro de Dios en luz y gloria,[3] esperando la redención completa de sus cuerpos,[4] que aun en la muerte continúan unidos a Cristo[5] y reposan en sus tumbas como en sus lechos,[6] hasta el último día en que serán unidos a sus almas.[7] Por el contrario, las almas de los malvados son a su muerte son arrojados al infierno, en donde permanecen en tormentos y densas tinieblas, y sus cuerpos quedan guardados en sus tumbas, como en prisiones hasta la resurrección y juicio del gran día.[8]

[1] Hebreos 12:23; [2] 2 Corintios 5:1, 6, 8; Filipenses 1:23 compárese con Hechos 3:21 y con Efesios 4:10; [3] 1 Juan 3:2; 1 Corintios 13:12; [4] Romanos 8:23; Salmo 16:9; [5] 1 Tesalonicenses 4:14; [6] Isaías 57:2; [7] Job 19:26, 27; [8] Lucas 16:23, 24; Hechos 1:25; Judas 6, 7.

P. 87. ¿Qué hemos de creer con respecto a la resurrección?

R. Nosotros hemos de creer que en el último día habrá una resurrección general de los muertos, así de justos como de injustos;[1] cuando los que sean hallados vivos serán transformados en un momento, y los mismos cuerpos de los muertos que estuvieron en la tumba, siendo unidos otra vez a sus almas para siempre, se levantarán por el poder de Cristo.[2] Los cuerpos de los justos, por el Espíritu de Cristo, y por la virtud de su resurrección como su cabeza, se levantarán en poder, espirituales, incorruptibles y hechos semejantes a su cuerpo glorioso;[3] y los cuerpos de los malvados serán levantados en deshonra por Él, como juez ofendido.[4]

[1] Hechos 24:15; [2] 1 Corintios 15:51-53; 1 Tesalonicenses 4:15-17; Juan 5:28, 29; [3] 1 Corintios 15:21-23, 42-44; Filipenses 3:21; [4] Juan 5:27-29; Mateo 25:33.

P. 88. ¿Qué seguirá inmediatamente después de la resurrección?

R. Inmediatamente después de la resurrección seguirá el juicio universal y final de los ángeles y de los hombres;[1] cuyo día y hora ningún hombre sabe, para que todos velen y oren, y estén siempre preparados para la venida del Señor.[2]

[1] 2 Pedro 2:4, 6, 7, 14, 15; Mateo 25:46; [2] Mateo 24:36, 42, 44; Lucas 21:35, 36.

P. 89. ¿Qué será hecho a los malvados el día del juicio?

R. En e1 día del juicio, los malvados serán puestos a la izquierda de Cristo,[1] y bajo 1a clara evidencia, y la plena convicción de sus propias conciencias,[2] recibirán la temible pero justa sentencia de condenación pronunciada contra ellos;[3] y entonces serán echados fuera de la presencia benéfica de Dios, y de la compañía gloriosa de Cristo, de sus santos, y de todos los santos ángeles, e irán al infierno, donde serán castigados con tormentos indecibles, tanto del cuerpo como del alma, con el diablo y sus ángeles para siempre.[4]

[1] Mateo 25:33; [2] Romanos 2:15, 16; [3] Mateo 25:41-43; [4] Lucas 16:26; 2 Tesalonicenses 1:8, 9.

P. 90. ¿Qué se hará a los justos el día del juicio?

R. En el día del juicio, los justos, siendo llevados a Cristo en las nubes,[1] serán puestos a su derecha y reconocidos y absueltos allí públicamente,[2] y se unirán con Cristo para juzgar a los ángeles y hombres reprobados,[3] serán recibidos en el cielo,[4] donde ellos serán enteramente y para siempre libres de todo pecado y miseria;[5] llenos de goces inconcebibles,[6] hechos perfectamente santos y felices tanto en cuerpo como en alma, en compañía de innumerables santos y ángeles,[7] pero especialmente gozarán de la visión y fruición inmediata de Dios el Padre, de nuestro Señor Jesucristo y del Espíritu Santo, por toda la eternidad.[8] Esta será la comunión plena y perfecta que los miembros de la iglesia invisible gozarán con Cristo en gloria en el día de la resurrección y el juicio.

[1] 1 Tesalonicenses 4:17; [2] Mateo 25:33; Mateo 10:32; [3] 1 Corintios 6:2, 3; [4] Mateo 25:34, 46; [5] Efesios 5:27; Apocalipsis 14:13; [6] Salmo 16:11; [7] Hebreos 12:22, 23; [8] 1 Juan 3:2; 1 Corintios 13:12; 1 Tesalonicenses 4:17, 18.

Habiendo ya visto lo que las Escrituras especialmente nos enseñan acerca de lo que debemos creer acerca de Dios, pasaremos a considerar lo que ellas enseñan como deber del hombre.

P. 91. ¿Cuál es el deber que Dios exige al hombre?

R. El deber que Dios exige al hombre es la obediencia a su voluntad revelada.[1]

[1] Romanos 12:1, 2; Miqueas 6:8; 1 Samuel 25:22.

P. 92. ¿Cuál fue la primera regla que Dios reveló al hombre como guía de obediencia?

R: La regla de obediencia revela a Adán en su estado de inocencia, y a todo el género humano en Adán, aparte de un mandamiento especial de no comer del fruto del árbol de la ciencia del bien y del mal, fue la ley moral .[1]

[1] Génesis 1:26, 27; Romanos 2:14, 15; Romanos 10:5; Génesis 2:17.

P. 93 ¿Qué es la ley moral?

R. La ley moral es la declaración de la voluntad de Dios hecha a la humanidad, guiando y obligando a cada uno a conformarse a ella y obedecerla de un modo personal, perfecto y perpetuo, en el conjunto y disposición de todo el hombre, alma y cuerpo,[1] y en el cumplimiento de todos aquellos deberes de santidad y justicia debidos a Dios y al hombre;[2] prometiendo la vida por su cumplimiento y amenazando con la muerte el quebrantamiento de ella.[3]

[1] Deuteronomio 5:1-3, 31, 33; Lucas 10:26, 27; Gálatas 3:10; 1 Tesalonicenses 5:23; [2] Lucas 1:75; Hechos 24:16; [3] Romanos 10:5; Gálatas 3:10, 12.

P. 94. ¿Es de alguna utilidad la ley moral después de la caída?

R. Aunque ningún hombre después de la caída puede alcanzar justicia y vida por la ley moral,[1] sin embargo, hay grande utilidad en ella, tanto para todos los hombres en común, como en lo particular, ora sea para los regenerados, ora para los que no son.[2]

[1] Romanos 8:3; Gálatas. 2:16; [2] 1 Timoteo 1:8.

P. 95. ¿Cuál es la utilidad de la ley moral para todos los hombres?

R. La ley moral es de utilidad a todos los hombres por cuanto que los informa de la naturaleza y voluntad santa de Dios,[1] y de sus deberes obligatorios de andar en conformidad con ella;[2] para convencerlos de su incapacidad y para guardarlos de la corrupción pecaminosa de la naturaleza, corazón y vida de ellos;[3] humillándolos al hacerlos sentir su pecado y miseria,[4] y en seguida les ayuda a tener una idea clara de la necesidad que tienen de Cristo,[5] y la perfección de su obediencia.[6]

[1] Levítico 11:44, 45; Levítico 20:7, 8; Romanos 7:12 [2] Miqueas 6:8; Santiago 2:10, 11; [3] Salmo 19:11, 12; Romanos 3:20; Romanos 7:7 [4] Romanos 3:9, 23 [5] Gálatas 3:21, 22 [6] Romanos 10:4.

P. 96. ¿Cuál es la utilidad particular de la ley para los hombres no regenerados?

R. La Ley moral es de utilidad a los hombres no regenerados para despertar su conciencia a fin de que huyan de la ira que vendrá,[1] para conducirlos entonces a Cristo;[2] o si ellos continúan en el estado y camino de mal, hacerlos inexcusables,[3] y bajo la maldición de ella.[4]

[1] 1 Timoteo 1:9, 10; [2] Gálatas 3:24; [3] Romanos 1:20 compárese con Romanos 2:15; [4] Gálatas 3:10.

P. 97. ¿Cuál es la utilidad especial de la ley moral para los regenerados?

R. Aun cuando los que son regenerados y creyentes en Cristo son libertados de la ley moral como de un pacto de obras,[1] de tal manera que por ella no son justificados,[2] ni condenados;[3] sin embargo, además de la utilidad general de ella, común para todos los hombres, es de utilidad especial para mostrarles cuán obligados están a Cristo por el cumplimiento de ella, por haber sufrido su maldición en lugar de ellos y por su bien;[4] y así estimularlos a ser más agradecidos,[5] y a expresar su gratitud por el cuidado más grande de ajustar su vida a ella como a su regla y obediencia.[6]

[1] Romanos 6:14; Romanos 7:4, 6; Gálatas 4:4, 5 [2] Romanos 3:20; [3] Gálatas 5:23; Romanos 8:1; [4] Romanos 7:24, 25; Gálatas 3:13, 14; Romanos 8:3, 4; [5] Lucas 1:68, 69, 74, 75; Colosenses 1:12, 13, 14; [6] Romanos 7:22; Romanos 12:2; Tito 2:11-14.

P. 98. ¿En qué se halla comprendida sumariamente la ley moral?

R. La ley moral se halla comprendida sumariamente en los Diez Mandamientos, que fueron pronunciados por la voz de Dios sobre el monte Sinaí, y escritos por Él mismo en dos tablas de piedra;[1] y están consignados en el capítulo veinte del Éxodo. Los primeros cuatro mandamientos contienen nuestros deberes para con Dios, y los otros seis, nuestros deberes para con los hombres.[2]

[1] Deuteronomio 10:4; Éxodo 34:1-4; [2] Mateo 22:37-40.

P. 99. ¿Qué reglas pueden observarse para la perfecta inteligencia de los diez mandamientos?

R. Para 1a recta inteligencia de los Diez Mandamientos pueden observarse las reglas siguientes:

1a Que la ley es perfecta y obliga a cada uno a proceder en todas las cosas de conformidad con la justicia de ella, y a una obediencia completa por siempre; así es que requiere el cumplimiento más exacto de cada deber y prohíbe aun el más pequeño pecado.[1]

2a Que es espiritual y así alcanza al pensamiento, a la voluntad, afectos y a todas las otras facultades del alma; tanto como a las palabras, las obras y maneras.[2]

3ª Que la misma cosa es exigida o prohibida de diversas maneras en varios mandamientos.[3]

4a Que cuando un deber es mandado, el pecado contrario es prohibido;[4] y cuando un pecado es prohibido el deber contrario es mandado;[5] del mismo modo, cuando es añadida una promesa, la amenaza contraria está incluida;[6] y cuando una amenaza está anexa, la contraria está incluida.[7]

5a Que lo que Dios prohíbe, nunca debe hacerse;[8] y lo que Él manda, es siempre un deber para nosotros;[9] y sin embargo, no todo deber particular ha de hacerse en todos los tiempos.[10]

6a Que bajo un pecado o deber, todos los del mismo género son prohibidos o mandados, juntamente con todas las causas, medios, ocasiones y apariencias de ellas, y lo que incita a las mismas.[11]

7ª Que en lo que se nos es mandado o prohibido, estamos obligados, conforme a nuestra posición, a procurar que sea hecho o evitado por otros, según los deberes del lugar que ocupan.[12]

8ª Que en lo que es mandado a otros, estamos obligados, según nuestra posición y oportunidades, a ayudarlos;[13] y a tener cuidado de no participar con ellos en lo que les está prohibido.[14]

[1] Salmo 19:7; Santiago 2:10; Mateo 5:21, 22; [2] Romanos 7:14; Deuteronomio 6:5 compárese con Mateo 22:37-39; Mateo 5:21, 22, 27, 28, 33, 34, 37-39, 43, 44; [3] Colosenses 3:5; Amos 8:5; Proverbios 1:19; 1 Timoteo 6:10; [4] Isaías 58:13; Deuteronomio 6:13 compárese con Mateo 4:9, 10; Mateo 15:4-6; [5] Mateo 5:21-25; Efesios 4:28; [6] Éxodo 20:12 compárese con Proverbios 30:17; [7] Jeremías 18:7, 8; Éxodo 20:7 compárese con Salmo 15:1, 4, 5 y con Salmo 24:4, 5; [8] Job 13:7, 8; Romanos 3:8; Job 36:21; Hebreos 11:25; [9] Deuteronomio 4:8, 9; [10] Mateo 12:7; [11] Mateo 5:21, 22, 27, 28; Mateo 15:4-6; Hebreos 10:24, 25; 1 Tesalonicenses 5:22; Judas 23; Gálatas 5:26; Colosenses 3:21; [12] Éxodo 20:10; Levítico 19:17; Génesis 18:19 ; Josué 24:15; Deuteronomio 6:6, 7; [13] 2 Corintios 1:24; [14] 1 Timoteo 5:22; Efesios 5:11.

P. 100. ¿Qué cosas especiales debemos considerar en los Diez Mandamientos?

R. En los Diez Mandamientos debemos considerar el prefacio, la sustancia de los mandamientos mismos y las varias razones anexas a algunos de ellos para darles más fuerza.

P. 101. ¿Cuál es el prefacio de los Diez Mandamientos?

R. El prefacio de los Diez Mandamientos está contenido en estas palabras: Yo soy Jehová tu Dios, que te saqué de la tierra de Egipto, de casa de siervos.[1] En estas palabras Dios manifiesta su soberanía como siendo JEHOVÁ, el eterno, inmutable y todopoderoso;[2] teniendo su ser en sí y por sí mismo[3] y dando existencia a todas sus palabras,[4] y obras;[5] que Él es el Dios del pacto, como antaño con Israel, así con todo su pueblo;[6] que como libertó a Israel de la esclavitud de Egipto, así nos libertará de nuestra servidumbre espiritual;[7] y que por lo tanto estamos obligados a tenerle como a nuestro único Dios y a guardar todos sus mandamientos.[8]

[1] Éxodo 20:2; [2] Isaías 44:6; [3] Éxodo 3:14; [4] Éxodo 6:3; [5] Hechos 17:24, 28; [6] Génesis 17:7 compárese con Romanos 3:29; [7] Lucas 1:74, 75; [8] 1 Pedro 1:15-18; Levítico 18:30; Levítico 19:37

P. 102. ¿Cuál es el resumen de los cuatro mandamientos que contienen nuestros deberes para con Dios?

R. El resumen de los cuatro mandamientos que contienen nuestros deberes para con Dios es amar al Señor nuestro Dios con todo nuestro corazón, con toda nuestra alma, con todas nuestras fuerzas y con todo nuestro entendimiento.[1]

[1] Lucas 10:27.

P. 103. ¿Cuál es el primer mandamiento?

R. El primer mandamiento es: "No tendrás dioses ajenos delante de mí."[1]

[1] Ex. 20:3.

P. 104. ¿Cuáles son los deberes exigidos en el primer mandamiento?

R. Los deberes exigidos en el primer mandamiento son el que conozcamos y confesemos que Dios es el único Dios verdadero, y nuestro Dios;[1] y que conforme a esto lo adoremos y g1orifiquemos,[2] pensando[3] y meditando en Él,[4] recordándolo,[5] teniéndolo en la más alta estima,[6] honrándolo,[7] adorándolo,[8] eligiéndolo,[9] y amándolo,[10] deseándolo,[11] temiéndolo;[12] creyéndolo;[13] confiando,[14] esperando,[15] deleitándose,[16] y regocijándose en Él;[17] siendo celosos por Él; [18] invocándolo, dando toda alabanza y acción de gracias a Él,[19] prestándole toda obediencia y sumisión con todo nuestro ser;[20] siendo cuidadosos en todas las cosas que a Él le agradan,[21] y entristeciéndonos cuando hacemos algo con lo que lo ofendemos,[22] andando en humildad con Él. [23]

[1] 1 Crónicas 28:9; Deuteronomio 26:17; Isaías 43:10; Jeremías 14:22; [2] Salmo 95:6, 7; Mateo 4:10; Salmo 29:2; [3] Malaquías 3:16; [4] Salmo 63:6; [5] Eclesiastés 12:1; [6] Salmo 71:19; [7] Malaquías 1:6; [8] Isaías 45:23; [9] Josué 24:15, 22; [10] Deuteronomio 6:5; [11] Salmo 73:25; [12] Isaías 8:13; [13] Éxodo 14:31; [14] Isaías 26:4; [15] Salmo 130:7; [16] Salmo 37:4; [17] Salmo 32:11; [18] Romanos 12:11 compárese con Números 25:11; [19] Filipenses 4:6; [20] Jeremías 7:23; Santiago 4:7; [21] 1 Juan 3:22S [22] Jeremías 31:18; Salmo 119:136; [23] Miqueas 6:8.

P. 105. ¿Qué pecados prohíbe el primer mandamiento?

R. Los pecados prohibidos en el primer mandamiento son el ateísmo, esto es, negar a Dios o no tener ninguno;[1] la idolatría, o el tener o adorar muchos dioses, o algún otro como el verdadero Dios o en lugar de Él;[2] el no tenerlo ni confesarlo como Dios y nuestro Dios;[3] la omisión o negligencia en alguna cosa debida a Él, requerida en este mandamiento;[4] la ignorancia,[5] olvido,[6] falsas aprehensiones,[7] opiniones erróneas,[8] pensamientos indignos y malvados con respecto a Él;[9] investigaciones curiosas y atrevidas tocante a sus secretos;[10] toda profanación,[11] odio a Dios;[12] amor a sí mismo,[13] búsqueda de lo suyo propio,[14] y todos los demás estados desordenados e inmoderados de nuestra mente, voluntad o afectos sobre otras cosas que nos aparten de Él totalmente o en parte;[15] credulidad vana,[16] incredulidad,[17] herejía,[18] error,[19] desconfianza,[20] desesperación,[21] incorregibilidad,[22] e insensibilidad bajo sus juicios,[23] dureza de corazón,[24] orgullo,[25] presunción,[26] seguridad carnal,[27] tentar a Dios;[28] usar medios ilícitos,[29] o confiar en medios lícitos;[30] goces y delicias carnales;[31] un celo corrompido, ciego e indiscreto;[32] tibieza,[33] y frialdad en las cosas de Dios;[34] alejarnos y apostatar de Dios;[35] orar o dar algún culto religioso a los santos ángeles o a alguna otra criatura;[36] todo pacto o consulta con el diablo,[37] y seguir sus sugestiones;[38] hacer a los hombres señores de nuestra fe y conciencia;[39] menosprecio y desdén de Dios y de sus mandamientos,[40] resistiendo o entristeciendo a su Espíritu,[41] descontento o impaciencia por sus disposiciones, acusándolo locamente por los males que Él nos manda;[42] atribuir la alabanza de algo bueno de lo que nosotros seamos, tengamos, o hagamos, a la fortuna,[43] a los ídolos,[44] a nosotros mismos,[45] o a alguna otra criatura.[46]

[1] Salmo 14:1; Efesios 2:12; [2] Jeremías 2:27, 28 compárese con 1 Tesalonicenses 1:9; [3] Salmo 81:11; [4] Isaías 43:22-24; [5] Jeremías 4:22; Óseas 4:1, 6; [6] Jeremías 2:32 [7] Hechos 17:23, 29; [8] Isaías 40:18; [9] Salmo 50:21; [10] Deuteronomio 29:29; [11] Tito 1:16; Hebreos 12:16; [12] Romanos 1:30; [13] 2 Timoteo 3:2; [14] Filipenses 2:21; [15] 1 Juan 2:15, 16; 1 Samuel 2:29; Colosenses 3:2, 5; [16] 1 Juan 4:1; [17] Hebreos 3:12; [18] Gálatas 5:20; Tito 3:10; [19] Hechos 26:9; [20] Salmo 78:22; [21] Génesis 4:13; [22] Jeremías 5:3; [23] Isaías 42:25; [24] Romanos 2:5; [25] Jeremías 13:15; [26] Salmo 19:13; [27] Sofonías 1:12; [28] Mateo 4:7; [29] Romanos 3:8; [30] Jeremías 17:5; [31] 2 Timoteo 3:4; [32] Gálatas 4:17; Juan 16:2; Romanos 10:2; Lucas 9:54, 55; [33] Apocalipsis 3:16; [34] Apocalipsis 3:1; [35] Ezequiel 14:5; Isaías 1:4, 5; [36] Romanos 10:13, 14; Óseas 4:12; Hechos 10:25, 26; Apocalipsis 19:10; Mateo 4:10; Colosenses 2:18; Romanos 1:25; [37] Levítico 20:6; 1 Samuel 28:7, 11 compárese con 1 Crónicas 10:13, 14; [38] Hechos 5:3; [39] 2 Crónicas 1:24; Mateo 23:9; [40] Deuteronomio 32:15; 2 Samuel 12:9; Proverbios 13:13; [41] Hechos 7:51; Efesios 4:30; [42] Salmo 73:2, 3, 13-15, 22; Job 1:22 ;[43] 1 Samuel 6:7-9; [44] Daniel 5:23; [45] Deuteronomio 8:17; [46] Habacuc 1:16.

P. 106. ¿Qué cosa especial se nos enseña en estas palabras: "delante de mí", contenidas en el primer mandamiento?

R. En estas palabras, delante de mí, o ante mi rostro, contenidas en el primer mandamiento, se nos enseña que Dios, que ve todas las cosas, toma en especial nota de ellas y se desagrada mucho del pecado de tener otro dios; de modo que esta razón puede ser un argumento para disuadir al hombre de cometerlo, y agravarlo como una de las provocaciones más impúdicas;[1] como también para persuadirnos a obrar todo lo que hacemos en su servicio como a su vista.[2]

[1] Ezequiel 8:5, 6; Salmo 44:20, 21; [2] 1 Crónicas 28:9.

P. 107. ¿Cuál es el segundo mandamiento?

R. El segundo mandamiento es: No te harás imagen, ni ninguna semejanza de cosa que esté arriba en el cielo, ni abajo en la tierra, ni en las aguas debajo de la tierra: no te inclinarás a ellas, ni las honrarás; porque yo soy Jehová tu Dios, fuerte, celoso, que visita la maldad de los padres sobre los hijos, sobre los terceros y sobre los cuartos, a los que me aborrecen, y que hace misericordia a millares a los que me aman, y guardan mis mandamientos.[1]

[1] Éxodo 20:4-6

P. 108. ¿Cuáles son los deberes requeridos en el segundo mandamiento?

R. Les deberes requeridos en el segundo mandamiento son recibir, observar y guardar puros y completos todo el culto religioso y las ordenanzas, tales como Dios las instituyó en su Palabra;[1] especialmente la oración y las acciones de gracias en el nombre de Cristo,[2] e1 oír, leer y predicar la Palabra,[3] la administración y recepción de los sacramentos,[4] el gobierno y disciplina de la iglesia,[5] el ministerio y el sostenimiento del mismo,[6] los ayunos religiosos;[7] jurar por el nombre de Dios;[8] y hacer votos a Él;[9] así como también el desaprobar, detestar y oponerse a todo culto falso;[10] y conforme al estado y llamamiento de cada uno, destruirlo así como a todos los objetos de idolatría.[11]

[1] Deuteronomio 32:46, 47; Mateo 28:20; Hechos 2:42; 1 Timoteo 6:13, 14; [2] Filipenses 4:6; Efesios 5:20; [3] Deuteronomio 17:18, 19; Hechos 15:21; 2 Timoteo 4:2; Santiago 1:21, 22; Hechos 10:33 [4] Mateo 28:19; 1 Corintios 11:23-30; [5] Mateo 18:15-17; Mateo 16:19; 1 Corintios 5; 1 Corintios 12:28; [6] Efesios 4:11, 12; 1 Timoteo 5:17, 18; 1 Corintios 9:7-15; [7] Joel 2:12, 13; 1 Corintios 7:5; [8] Deuteronomio 6:13; [9] Isaías 19:21; Salmo 76:11; [10] Hechos 17:16, 17; Salmo 16:4; [11] Deuteronomio 7:5; Isaías 30:22.

P. 109. ¿Cuáles son los pecados prohibidos en el segundo mandamiento?

R. Las pecados prohibidos en el segundo mandamiento son, todo lo que sea inventar,[1] aconsejar,[2] mandar,[3] usar,[4] y aprobar algún culto religioso, por sabio que sea, que no haya sido instituido por Dios;[5] tolerar una religión falsa[6]; el hacer representación alguna de Dios, ya sea de todas o de alguna de las Tres Personas, sea interiormente en nuestra inteligencia, o en lo exterior por alguna clase de imagen a semejanza de alguna criatura cualquiera;[7] toda adoración de ella,[8] o de Dios en ella o por ella;[9] el hacer representaciones de deidades falsas;[10] y toda adoración de ellas o hacer algún servicio perteneciente a ellas;[11] todas las supersticiones engañosas,[12] que corrompen el culto de Dios,[13] ya sea añadiéndole o quitándole,[14] sean inventadas y tomadas por nosotros mismos,[15] o recibidas por tradición de otros,[16] aun cuando vengan con el título de antigüedad,[17] costumbre,[18] devoción,[19] buena intención o cualquier otro pretexto;[20] la simonía;[21] el sacrilegio;[22] toda negligencia,[23] desprecio,[24] impedimento,[25] y oposición al culto y ordenanzas que Dios ha establecido.[26]

[1] Números 15:39; [2] Deuteronomio 13:6-8; [3] Oseas 5:11; Miqueas 6:16; [4] 1 Reyes 11:33; 1 Reyes 12:33; [5] Deuteronomio 12:30-32; [6] Deuteronomio 13:6-12; Zacarías 13:2, 3; Apocalipsis 2:2, 14, 15, 20; Apocalipsis 17:12, 16, 17; [7] Deuteronomio 4:15-19; Hechos 17:29; Romanos 1:21-23,25; [8] Daniel 3:18; Gálatas 4:8; [9] Éxodo 32:5; [10] Éxodo 32:8; [11] 1 Reyes 13:26, 28; Isaías 65:11; [12] Hechos 17:22; Colosenses 2:21-23; [13] Malaquías 1:7, 8, 14; [14] Deuteronomio 4:2; [15] Salmo 106:39; [16] Mateo 15:9; [17] 1 Pedro 1:18; [18] Jeremías 44,17; [19] Isaías 65:3-5; Gálatas 1:13-14; [20] 1 Samuel 13:11, 12; 1 Samuel 15:21; [21] Hechos 8:18; [22] Romanos 2:22; Malaquías 3:8; [23] Éxodo 4:24-26; [24] Mateo 22:5; Malaquías 1:7, 13; [25] Mateo 23:13; [26] Hechos 13:44, 45; 1 Tesalonicenses 2:15, 16.

P. 110. ¿Cuáles son las razones añadidas al segundo mandamiento, para darle mayor fuerza?

R. Las razones añadidas al segunda mandamiento y que le dan mayor fuerza, están contenidas en estas palabras: "Porque yo soy Jehová tu Dios, fuerte, celoso, que visita la maldad de los padres sobre los hijos, sobre los terceros y sobre los cuartos, a los que me aborrecen, y que haga misericordia a millares a los que me aman, y guardan mis mandamientos";[1] y son, además de la soberanía de Dios sobre nosotros y de que somos su propiedad,[2] e1 celo ardiente que tiene por su propio culto,[3] su indignación vengadora contra todo culto falso, por ser éste una fornicación espiritual;[4] reputando Él a los quebrantadores de este mandamiento como personas que lo odian, y amenazándolos con castigarlos por varias generaciones;[5] y estimando a los que lo guardan fielmente como a personas que lo aman y guardan sus mandamientos, a las que promete misericordia tanto para ellos como para sus generaciones.[6]

[1] Éxodo 20:5, 6; [2] Salmo 45:11; Apocalipsis 15:3, 4; [3] Éxodo 34:13, 14; [4] 1 Corintios 10:20-22; Jeremías 7:18-20; Ezequiel 16:26, 27; Deuteronomio 32:16-20; [5] Oseas 2:2-4; [6] Deuteronomio 5:29.

P. 111. ¿Cuál es el tercer mandamiento?

R. El tercer mandamiento es: No tomarás el nombre de Jehová tu Dios en vano; porque no dará por inocente Jehová al que tomare su nombre en vano.[1]

[1] Éxodo 20:7.

P. 112. ¿Qué exige el tercer mandamiento?

R. El tercer mandamiento exige que el nombre de Dios, sus títulos, atributos,[1] ordenanzas,[2] la Palabra,[3] los sacramentos,[4] la oración,[5] juramentos,[6] votos,[7] suertes,[8] sus obras,[9] y cualquiera otra cosa por lo cual Él se da a conocer, sea santa y reverentemente usadas en pen¬samiento,[10] meditación,[11], en palabra,[12] y por escrito;[13] por una profesión santa,[14] un comportamiento intachable,[15] para la gloria de Dios,[16] y para el bien nuestro,[17] y de otros.[18]

[1] Mateo 6:9; Deuteronomio 28:58; Salmo 29:2; Salmo 68:4; Apocalipsis 15:3, 4; [2] Malaquías 1:14; Eclesiastés 5:1; [3] Salmo 138:2; [4] 1 Corintios 11:24, 25, 28, 29; [5] 1 Timoteo 2:8; [6] Jeremías 4:2; [7] Eclesiastés 5:2, 4-6; [8] Hechos 1:24, 26; [9] Job 36:24; [10] Malaquías 3:16; [11] Salmo 8:1, 3, 4, 9; [12] Colosenses 3:17; Salmo 105:2, 5; [13] Salmo 102:18; [14] 1 Pedro 3:15; Miqueas 4:5; [15] Filipenses 1:27; [16] 1 Corintios 10:31; [17] Jeremías 32:39; [18] 1 Pedro 2:12.

P. 113. ¿Cuáles pecados prohíbe el tercer mandamiento?

R. Los pecados prohibidos en el tercer mandamiento son, el no usar el nombre de Dios de la manera que es requerida;[1] y el abuso del mismo por una ignorante,[2] vana,[3] irreverente, profana,[4] supersticiosa,[5] o malvada costumbre, mencionando o usando de cualquier otro modo sus títulos, atributos,[6] ordenanzas,[7] u obras,[8] por la blasfemia,[9] perjurio;[10] toda maldición pecaminosa,[11] así como pecaminosos juramentos,[12] votos,[13] suertes;[14] la violación de nuestros juramentos y votos, si son lícitos,[15] o el cumplimiento de ellos si corresponden a cosas ilícitas;[16] murmuración o queja contra los decretos de Dios,[17] curiosas inquisiciones sobre ellos,[18] o la aplicación falsa de los mismos,[19] así como de los actos providenciales de Dios;[20] la mala interpretación,[21] mala aplicación,[22] o algún otro modo de pervertir la Palabra, o alguna parte de ella;[23] bromas profanas,[24] preguntas curiosas o inútiles, charlas vanas, o sostener falsas doctrinas;[25] el abuso del nombre de Dios, de las criaturas o de alguna cosa contenida bajo el nombre de Dios, para practicar encantamientos,[26] o prácticas y concupiscencias pecaminosas;[27] la difamación,[28] desprecio,[29] injuria,[30] o la oposición grave a la verdad, gracia y caminos de Dios;[31] hacer profesión de religión con hipocresía o por fines siniestros;[32] avergonzarse de ella,[33] o ser una vergüenza para ella, por comportamiento insumiso,[34] sin sabiduría,[35] infructuoso,[36] u ofensivo,[37] o el apartarse de ella.[38]

[1] Malaquías 2:2; [2] Hechos 17:23; [3] Proverbios 30:9; [4] Malaquías 1:6, 7, 12; Malaquías 3:14; [5] 1 Samuel 4:3-5; Jeremías 7:4, 9, 10, 14, 31; Colosenses 2:20-22; [6] 2 Reyes 18:30, 35; Éxodo 5:2; Salmo 139:20; [7] Salmo 50:16, 17; [8] Isaías 5:12; [9] 2 Reyes 19:22; Levítico 24:11; [10] Zacarías 5:4; Zacarías 8:17; [11] 1 Samuel 17:43; 2 Samuel 16:5; [12] Jeremías 5:7; Jeremías 23:10; [13] Deuteronomio 23:18; Hechos 13:12, 14; [14] Ester 3:7; Ester 9:24; Salmo 22:18; [15] Salmo 24:4; Ezequiel 17:16, 18, 19; [16] Marcos 6:26; 1 Samuel 25:22, 32-34; [17] Romanos 9:14, 19, 20; [18] Deuteronomio 29:29; [19] Romanos 3:5, 7; Romanos 6:1; [20] Eclesiastés 8:11; Eclesiastés 9:3; Salmo 39; [21] Mateo 5:21,22; [22] Ezequiel 13:22; [23] 2 Pedro 3:16; Mateo 22:24-31; [24] Isaías 22:13; Jeremías 23:34, 36, 38; [25] 1 Timoteo 1:4, 6, 7; 1 Timoteo 6:4, 5, 20; 2 Timoteo 2:14; Tito 3:9 [26] Deuteronomio 18:10-14; Hechos 19:13; [27] 2 Timoteo 4:3, 4; Romanos 13:13, 14; 1 Reyes 21:9, 10; Judas 4; [28] Hechos 13:45; 1 Juan 3:12; [29] Salmo 1:1; 2 Pedro 3:3; [30] 1 Pedro 4:4; [31] Hechos 13:45, 46, 50; Hechos 4:18; Hechos 19:9; 1 Tesalonicenses 2:16; Hebreos 10:29; [32] 2 Timoteo 3:5; Mateo 23:14; Mateo 6:1, 2, 5, 16; [33] Marcos 8:38; [34] Salmo 73:14, 15; [35] 1 Corintios 6:5, 6; Efesios 5:15-17; [36] Isaías 5:4; 2 Pedro 1:8, 9; [37] Romanos 2:23, 24; [38] Gálatas 3:1, 3; Hebreos 6:6.

P. 114. ¿Cuáles son las razones anexas al tercer mandamiento?

R. Las razones anexas al tercer mandamiento en estas palabras: "Jehová tu Dios" y "porque no dará por inocente Jehová al que tomare su nombre en vano"[1] se dan porque Él es el Señor y nuestro Dios, por lo que su nombre no debe ser profanado, ni debemos abusar de Él de ninguna manera;[2] especialmente porque Él no absolverá ni perdonará a los transgresores de este mandamiento, así como no permitirá que ellos escapen de su justo juicio,[3] aun cuando muchos de ellos escapen de las censuras y castigos de los hombres.[4]

[1] Éxodo 20:7; [2] Levítico 19:12; [3] Ezequiel 36:21-23; Deuteronomio 28:58, 59; Zacarías 5:2-4; [4] 1 Samuel 2:12, 17, 22, 24; 1 Samuel 3:13.

P. 115. ¿Cuál es el cuarto mandamiento?

R. El cuarto mandamiento es: "Acordarte has del día de reposo para santificado. Seis días trabajarás, y harás toda tu obra; mas el séptimo día será reposo para Jehová tu Dios: no hagas en él obra alguna; tú, ni tu hijo, ni tu hija; ni tu siervo, ni tu criada; ni tu bestia, ni tu extranjero que está dentro de tus puertas; porque en seis días hizo Jehová los cielos y la tierra, la mar y todas las cosas que en ellos hay, y reposó en el séptimo día; por tanto, Jehová bendijo el día de reposo y lo santificó."[1]

[1] Éxodo 20: 8-11.

P. 116. ¿Qué exige el cuarto mandamiento?

R. El cuarto mandamiento exige a todos los hombres la santificación o guardar santo para Dios todos los tiempos que Dios ha señalado en su Palabra, concretamente todo un día en cada siete; que era el día séptimo desde el principio del mundo hasta la resurrección de Cristo, y desde entonces, el primer día de la semana, y así continuará hasta el fin del mundo; el cual es el Reposo Cristiano,[1] llamado en el Nuevo Testamento Día del Señor.[2]

[1] Deuteronomio 5:12-14; Génesis 2:2, 3; 1 Corintios 16:1, 2; Hechos 20:7; Mateo 5:17, 18; Isaías 56:2, 4, 6, 7; [2] Apocalipsis 1:10.

P. 117. ¿Cómo ha de santificarse el día de Reposo o del Señor?

R. El día de Reposo o del Señor debe santificarse por un santo descanso durante todo el día,[1] descansando no sólo de las obras que en todo tiempo son pecaminosas, sino aun de aquellos empleos y recreaciones mundanales que son lícitos en los otros días;[2] y haciendo nuestra delicia emplear todo el tiempo (excepto el que se emplee en obras de necesidad y misericordia)[3] en los ejercicios públicos y privados del culto de Dios;[4] para este fin debemos preparar nuestro corazón y despachar nuestros negocios mundanos con tal previsión, diligencia, moderación y arreglo tan oportuno, que podamos estar libres y aptos para cumplir los deberes del día.[5]

[1] Éxodo 20:8, 10; [2] Éxodo 16:25-28; Nehemías 13:15-22; Jeremías 17:21, 22 [3] Mateo 12:1-13; [4] Isaías 58:13; Lucas 4: 16; Hechos 20:7; 1 Corintios 16:1, 2; Salmo 92 (título); Isaías 66:23; Levítico 23:3; [5] Éxodo 20:8; Lucas 23:54, 56; Éxodo 16:22, 25, 26, 29; Nehemías 13:19.

P. 118. ¿Por qué se dirige el encargo de guardar el Reposo más especialmente a los jefes de familia y otros superiores?

R. El encargo de guardar el Reposo se dirige especialmente a los jefes de familia y a otros superiores, porque ellos están obligados a guardarlo no sólo ellos mismos, sino también a cuidar de que sea observado por aquellos que están a su cargo, y porque son propensos a estar muchas veces ocupados en empleos de su propio interés.[1]

[1] Éxodo 20:10; Josué 24:15; Nehemías 13:15, 17; Jeremías 17:20-22; Éxodo 23:12.

P. 119. ¿Cuáles son los pecados prohibidos en el cuarto mandamiento?

R. Los pecados prohibidos en el cuarto mandamiento son, toda omisión de los deberes exigidos,[1] el cumplimiento negligente, descuidado y estéril de ellos, y cansarse de los mismos;[2] toda profanación del día por ociosidad, y por hacer lo que en sí mismo es pecaminoso;[3] y por pensamientos, palabras y obras innecesarias acerca de nuestros empleos y recreaciones mundanas.[4]

[1] Ezequiel 22:26; [2] Hechos 20:7, 9; Ezequiel 33:30-32; Amos 8:5; Malaquías 1:13; [3] Ezequiel 23:38; [4] Jeremías 17:24, 27 Isaías 58:13.

P. 120. ¿Cuáles son las razones añadidas al cuarto mandamiento para darle mayor fuerza?

R. Las razones anexas al cuarto mandamiento para darle mayor fuerza, son tomadas de la equidad del mismo, al habernos concedido Dios seis días de cada siete para nuestros propios negocios, y habiéndose reservado sólo uno para sí mismo con estas palabras: Seis días trabajarás y harás toda tu obra;[1] de que Dios reclama para sí una propiedad especial sobre este día, cuando dice: Mas el séptimo día será Reposo para Jehová tu Dios;[2] del ejemplo del mismo Dios, quien en seis días hizo los cielos y la tierra, la mar y todas las cosas que en ellos hay, y reposó en el séptimo día; y de las bendiciones que Dios ha colocado en este día, no sólo al santificarlo para que sea un día para su servicio, sino estableciendo que sea un medio para bendecirnos al santificarlo nosotros; por tanto Jehová bendijo el día de Reposo, y lo santificó.[3]

[1] Éxodo 20:9; [2] Éxodo 20:10; [3] Éxodo 20:11.

P. 121. ¿Por qué se pone la palabra "acuérdate" al principio del cuarto mandamiento?

R. La palabra "acuérdate" ha sido puesta al principio del cuarto mandamiento,[1] en parte a causa del gran beneficio de recordarlo, por el cual somos ayudados en nuestra preparación para guardarlo,[2] y al guardarlo, cumplir mejor los otros mandamientos,[3] y continuar un recuerdo lleno de gratitud por los dos grandes beneficios de la creación y de la redención, que contienen un breve resumen de la religión;[4] y por otra parte fue puesta porque nosotros somos propensos a olvidarlo,[5] dado que la naturaleza nos da poca luz acerca de él,[6] y que restringe nuestra libertad natural sobre cosas que son lícitas en otro tiempo;[7] que no viene más que una vez cada siete días, viniendo antes nuestros negocios mundanales, que frecuentemente apartan nuestra mente de pensar en él, ya sea de prepararnos para él o para santificarlo;[8] y que Satanás con sus instrumentos trabaja mucho por arrebatarnos la gloria, y aun la memoria de este día, para traer toda irreligión e impiedad.[9]

[1] Éxodo 20:8; [2] Éxodo 16:23; Lucas 23:54, 56 compárese con Marcos 15:42; Nehemías 13:19; [3] Salmo 92 (título) compárese con Salmo 92:13, 14; Ezequiel 20:12, 19, 20; [4] Génesis 2:2, 3; Salmo 118:22, 24 compárese con Hechos 4:10, 11; [5] Ezequiel 22:26; [6] Nehemías 9:14; [7] Éxodo 34:21; [8] Deuteronomio 5:14, 15; Amos 8:5; [9] Lamentaciones 1:7; Jeremías 17:21-23; Nehemías 13:15-23.

P. 122. ¿Cuál es el resumen de los seis mandamientos que contienen nuestros deberes para con los hombres?

R. El resumen de los seis mandamientos que contienen nuestros deberes para con los hombres, es, amar a nuestro prójimo como a nosotros mismos,[1] y hacer a los otros lo que queramos que ellos nos hagan.[2]

[1] Mateo 22:39; [2] Mateo 7:12.

P. 123. ¿Cuál es el quinto mandamiento?

R. El quinto mandamiento es: "Honra a tu padre y a tu madre, para que tus días se alarguen en la tierra que Jehová tu Dios te da."[1]

[1] Éxodo 20:12.

P. 124. ¿Qué se quiere dar a entender por padre y madre en el quinto mandamiento?

R. Por padre y madre en el quinto mandamiento, se quiere significar no sólo los padres naturales,[1] sino todos los superiores, tanto en edad[2] como en aptitudes;[3] y especialmente aquellos que por las ordenanzas de Dios están sobre nosotros en un lugar de autoridad, ya sea en la familia,[4] en la iglesia[5] o en la sociedad.[6]

[1] Proverbios 23:22, 25; Efesios 6:1, 2; [2] 1 Timoteo 5:1, 2; [3] Génesis 4:20-22; Génesis 45:8; [4] 2 Reyes 5:13; [5] 2 Reyes 2:12; 2 Reyes 13:14; Gálatas 4:19; [6] Isaías 49:23.

P. 125. ¿Por qué son llamados padre y madre los superiores?

R. Los superiores son llamados padre y madre, para enseñarles a ellos a que en todos los deberes para con los inferiores, como padres naturales, expresen amor y ternura hacia ellos, conforme a sus varias relaciones;[1] y para hacer que los inferiores tengan la más buena voluntad y alegría en el cumplimiento de sus deberes para con sus superiores, como si lo hicieran con sus padres.[2]

[1] Efesios 6:4; 2 Corintios 12:14; 1 Tesalonicenses 2:7, 8, 11; Números 11:11, 12; [2] 1 Corintios 4:14-16; 2 Reyes 5:13.

P. 126. ¿Cuál es el alcance general del quinto mandamiento?

R. El alcance general del quinto mandamiento abarca el cumplimiento de todos aquellos deberes que tenemos los unos para con los otros en nuestras diversas relaciones, como superiores, inferiores o iguales.[1]

[1] Efesios 5:21; 1 Pedro 2:17; Romanos 12:10.

P. 127. ¿Cuál es la honra que los inferiores deben a los superiores?

R. La honra que los inferiores deben a los superiores es, toda la debida reverencia en corazón,[1] palabra,[2] comportamiento,[3] orar y dar gracias por ellos;[4] la imitación de sus virtudes y gracias;[5] la obediencia voluntaria a sus mandatos y consejos lícitos,[6] la debida sumisión a sus correcciones;[7] la fidelidad a ellos,[8] la defensa[9] y sostén de sus personas y autoridad, conforme a sus varios rangos y a la naturaleza de sus puestos;[10] sobrellevando sus debilidades y ocultándolas con amor,[11] para que así puedan tener honra ellos y su gobierno.[12]

[1] Malaquías 1:6; Levítico 19:3; [2] Proverbios 31:28; 1 Pedro 3:6; [3] Levítico 19:32; 1 Reyes 2:19; [4] 1 Timoteo 2:1, 2; [5] Hebreos 13:7; Filipenses 3:17; [6] Efesios 6:1, 2, 6, 7; 1 Pedro 2:13, 14; Romanos 13:1-5; Hebreos 13:17; Proverbios 4:3, 4; Proverbios 23:22; Éxodo 18:19, 24; [7] Hebreos 12:9; 1 Pedro 2:18-20; [8] Tito 2:9, 10; [9] 1 Samuel 26:15, 16; 2 Samuel 18:3; Ester 6:2; [10] Mateo 22:21; Romanos 13:6, 7; 1 Timoteo 5:17, 18; Gálatas 6:6; Génesis 45:11; Génesis 47:12; [11] 1 Pedro 2:18; Proverbios 23:22; Génesis 9:23; [12] Salmo 127:3-5; Proverbios 31:23.

P. 128. ¿Cuáles son los pecados que los inferiores cometen contra los superiores?

R. Los pecados de los inferiores contra los superiores son, toda negligencia en los deberes exigidos para con ellos;[1] envidiarlos,[2] menospreciarlos,[3] y rebelarse[4] contra sus personas[5] y posiciones,[6] sus buenos consejos,[7] mandatos y correcciones;[8] maldecirlos, burlarse de ellos,[9] y todos los comportamientos contumaces y escandalosos, que supongan una vergüenza y deshonra para los superiores y su gobierno.[10]

[1] Mateo 15:4-6; [2] Números 11:28, 29; [3] 1 Samuel 8:7; Isaías 3:5; [4] 2 Samuel 15:1-12; [5] Éxodo 21:15; [6] 1 Samuel 10:27; [7] 1 Samuel 2:25; [8] Deuteronomio 21:18-21; [9] Proverbios 30:11, 17; [10] Proverbios 19:26.

P. 129. ¿Qué se exige de los superiores para con los inferiores?

R. Se requiere de los superiores que, conforme al poder que han recibido de Dios y aquellas relaciones en las que ellos están, amen a sus inferiores,[1] oren por ellos,[2] y los bendigan;[3] los instruyan,[4] aconsejen, y amonesten;[5] protegiendo,[6] encomendando[7] y recompensando a los que hacen bien;[8] no ayudando,[9] reprendiendo y castigando a los que hacen mal;[10] protejan,[11] y provean de todas las cosas necesarias para el alma[12] y para el cuerpo;[13] y que por un comportamiento grave, sabio, santo y ejemplar, procuren la gloria de Dios,[14] honra para sí mismas,[15] y preserven así aquella autoridad que Dios les ha confiado.[16]

[1] Colosenses 3:19; Tito 2:4; [2] 1 Samuel 12:23; Job 1:5; [3] 1 Reyes 8:55, 56; Hebreos 7:7; Génesis 49:28; [4] Deuteronomio 6:6, 7; [5] Efesios 6:4; [6] 1 Pedro 3:7; [7] 1 Pedro 2:14; Romanos 13:3; [8] Ester 6:3; [9] Romanos 13:3, 4 [10] Proverbios

29:15; 1 Pedro 2:14; [11] Job 29:12-17; Isaías 1:10, 17; [12] Efesios 6:4; [13] 1 Timoteo 5:8; [14] 1 Timoteo 4:12; Tito 2:3-5; [15] 1 Reyes 3:28; [16] Tito 2:15.

P. 130. ¿Cuáles son los pecados de los superiores?

R. Los pecados de los superiores son, además de la negligencia en los deberes exigidos de ellos,[1] un interés desordenado por sí mismos,[2] por su propia gloria,[3] comodidad, provecho y placer;[4] mandar cosas ilícitas[5] o que los inferiores no son capaces de cumplir;[6] aconsejarlos,[7] animarlos,[8] o favorecerlos en lo que es malo;[9] disuadirlos,[10] desanimarlos o no ayudarles en lo que es bueno;[11] corregirlos indebidamente;[12] exponerlos descuidadamente, o entregarlos a lo malo, a tentaciones y peligros;[13] provocarlos a ira, o cualquier manera de deshonrarse a sí mismos, o menoscabar su autoridad, por un proceder descuidado, injusto, indiscreto o riguroso.[14]

[1] Ezequiel 34:2-4; [2] Filipenses 2:21; [3] Juan 5:44; Juan 7:18; [4] Isaías 56:10, 11; Deuteronomio 17:17; [5] Daniel 3:4-6; Hechos 4:17, 18; [6] Éxodo 5:10-18; Mateo 23:2, 4; [7] Mateo 14:8 compárese con Marcos 6:24; [8] 2 Samuel 13:28; [9] 1 Samuel 3:13; [10] Juan 7:46-49; Colosenses 3:21; Éxodo 5:17; [11] 1 Pedro 2:18-20; Hebreos 12:10; Deuteronomio 25:3; [12] Génesis 38:11, 26; Hechos 18:17; [13] Efesios 6:4; [14] Génesis 9:21; 1 Reyes 12:13-16; 1 Reyes 1:6; 1 Samuel 2:29-31.

P. 131. ¿Cuáles son los deberes de los iguales?

R. Los deberes de los iguales son considerar la dignidad y mérito de cada uno,[1] prefiriendo, en cuanto a dar honra, a los demás;[2] y regocijarse por las cualidades y avances de los demás, como si fueran propios.[3]

[1] 1 Pedro 2:17; [2] Romanos 12:10; [3] Romanos 12:15, 16; Filipenses 2:3, 4.

P. 132. ¿Cuáles son los pecados de los iguales?

R. Los pecados de los iguales son, además de la negligencia en los deberes requeridos,[1] el menoscabo de la dignidad,[2] la envidia de los dones,[3] el pesar por el avance de la prosperidad de los otros,[4] y usurpar la preeminencia sobre los demás.[5]

[1] Romanos 13:8; [2] 2 Timoteo 3:3; [3] Hechos 7:9; Gálatas 5:26; [4] Números 12:2; Ester 6:12, 13; [5] 3 Juan 9; Lucas 22:24.

P. 133. ¿Cuál es la razón anexa al quinto mandamiento para darle mayor fuerza?

R. La razón anexa al quinto mandamiento y contenida en estas palabras, "Para que tus días se alarguen en la tierra que Jehová tu Dios te da"[1] es una promesa expresa de larga vida y prosperidad, siempre que sirva a la gloria de Dios y al bien propio, hecha a todos los que guarden este mandamiento.[2]

[1] Éxodo 20:12; [2] Deuteronomio 5:16; 1 Reyes 8:25; Efesios 6:2, 3.

P. 134. ¿Cuál es el sexto mandamiento?

R. El sexto mandamiento es: "No matarás." [1]

[1] Éxodo 20: 13.

P. 135. ¿Cuáles son los deberes exigidos en el sexto mandamiento?

R. Los deberes exigidos en el sexto mandamiento son todos los estudios cuidadosos y los esfuerzos lícitos para preservar nuestra propia vida,[1] y la de otros[2] por resistir todos los pensamientos y propósitos,[3] sometiendo las pasiones,[4] y evitando todas las ocasiones,[5] tentaciones[6] y prácticas, que tienden a quitar injustamente la vida de alguno;[7] por la justa defensa de la misma contra la violencia,[8] el paciente soportar la mano de Dios,[9] la quietud del ánimo,[10] alegría de espíritu,[11] sobrio uso de la comida,[12] bebida,[13] medicina,[14] sueño,[15] trabajo[16] y recreo;[17] por pensamientos caritativos,[18] amor,[19] compasión,[20] mansedumbre, dulzura y bondad;[21] por conversaciones y comportamientos pacíficos,[22] suaves y corteses;[23] paciencia, prontitud para reconciliarse, sobrellevando y perdonando las injurias y volviendo bien por mal;[24] consolando y socorriendo a los enfermos y protegiendo y defendiendo a los inocentes.[25]

[1] Efesios 5:28, 29; [2] 1 Reyes 18:4; [3] Jeremías 26:15, 16; Hechos 23:12, 16, 17, 21, 27; [4] Efesios 4:26, 27; [5] 2 Samuel 2:22; Deuteronomio 22:8; [6] Mateo 4:6, 7; Proverbios 1:10, 11, 15, 16; [7] 1 Samuel 24:12; 1 Samuel 26:9-11; Génesis 37:21, 22; [8] Salmo 82:4; Proverbios 24:11, 12; 1 Samuel 14:45; [9] Santiago 5:7-11; Hebreos 12:9; [10] 1 Tesalonicenses 4:11; 1 Pedro 3:3, 4; Salmo 37:8-11; [11] Proverbios 17:22; [12] Proverbios 25:16, 27; [13] 1 Timoteo 5:23; [14] Isaías 38:21; [15] Salmo 127:2; [16] Eclesiastés 5:12; 2 Tesalonicenses 3:10, 12; Proverbios 16:26; [17] Eclesiastés 3:4, 11; [18] 1 Samuel 19:4, 5; 1 Samuel 22:13, 14; [19] Romanos 13:10; [20] Lucas 10:33, 34; [21] Colosenses 3:12, 13; [22] Santiago 3:17; [23] 1 Pedro 3:8-11; Proverbios 15:1; Jueces 8:1-3; [24] Mateo 5:24; Efesios 4:2, 32; Romanos 12:17; [25] 1 Tesalonicenses 5:14; Job 31:19, 20; Mateo 25:35, 36; Proverbios 31:8, 9.

P. 136. ¿Cuáles son los pecados prohibidos en el sexto mandamiento?

R. Los pecados prohibidos en el sexto mandamiento son, todo acto de quitar la vida a nosotros,[1] o a otros,[2] excepto en caso de justicia pública,[3] guerra justa,[4] o defensa necesaria;[5] el descuidar o retirar los medios lícitos y necesarios para preservar la vida;[6] ira pecaminosa,[7] odio,[8], envidia,[9] deseo de venganza;[10] todas las pasiones excesivas,[11] afanes turbadores;[12] uso inmoderado de la comida, bebida,[13] trabajo,[14] y distracciones;[15] palabras provocantes,[16] oprimir,[17] pelear,[18] golpear, herir,[19] y cualquier cosa que tienda a la destrucción de la vida de alguien.[20]

[1] Hechos 16:28; [2] Génesis 9:6; [3] Números 35:31, 33; [4] Jeremías 48:10; Deuteronomio 20:1; [5] Éxodo 22:2, 3; [6] Mateo 25:42, 43; Santiago 2:15, 16; Eclesiastés 6:1, 2; [7] Mateo 5:22; [8] 1 Juan 3:15; Levítico 19:17; [9] Proverbios 14:30; [10] Romanos 12:19; [11] Efesios 4:31; [12] Mateo 6:31, 34; [13] Lucas 21:34; Romanos 13:13; [14] Eclesiastés 12:12; Eclesiastés 2:22, 23; [15] Isaías 5:12; [16] Proverbios 15:1; Proverbios 12:18; [17] Ezequiel 18:18; Éxodo 1:14; [18] Gálatas 5:15; Proverbios 23:29; [19] Números 35:16-18, 21; [20] Éxodo 21:18-36.

P. 137. ¿Cuál es el séptimo mandamiento?

R. El séptimo mandamiento es, "No cometerás adulterio." [1]

[1] Éxodo 20:14.

P. 138. ¿Cuáles son los deberes exigidos en el séptimo mandamiento?

R. Los deberes exigidos en el séptimo mandamiento son, castidad en mente, afectos,[1] palabras,[2] y comportamiento;[3] y la preservación de la misma en nosotros y otros;[4] vigilancia sobre los ojos y todos los sentidos;[5] temperancia,[6] mantener compañía casta,[7] modestia en el atavío;[8] matrimonio por aquellos que no tienen el don de continencia;[9] amor,[10] y cohabitación conyugales;[11] trabajo diligente en nuestras vocaciones;[12] evitar toda ocasión para la impureza, y resistir las tentaciones de la misma.[13]

Catecismo Mayor y Menor

de WESTMINTER

[1] 1 Tesalonicenses 4:4; Job 31:1; 1 Corintios 7:34; [2] Colosenses 4:6; [3] 1 Pedro 2:3; [4] 1 Corintios 7:2, 35, 36; [5] Job 31:1; [6] Hechos 24:24, 25; [7] Proverbios 2:16-20; [8] 1 Timoteo 2:9; [9] 1 Corintios 7:2, 9; [10] Proverbios 5:19, 20; [11] 1 Pedro 3:7; [12] Proverbios 31:11, 27, 28; [13] Proverbios 5:8; Génesis 39:8-10.

P. 139. ¿Cuáles son los pecados prohibidos en el séptimo mandamiento?

R. Los pecados prohibidos en el séptimo mandamiento, además de la negligencia en los deberes exigidos,[1] son adulterio, fornicación,[2] violación, incesto,[3] sodomía y toda pasión contra naturaleza;[4] todos los pensamientos, propósitos, imaginaciones y afectos impuros;[5] todas las conversaciones impuras, así como el escucharlas;[6] miradas lascivas,[7] comportamiento impúdico o ligero, atavío inmodesto;[8] prohibición de los matrimonios lícitos[9] y autorizar los ilícitos;[10] aceptar, tolerar, proteger burdeles o frecuentarlos;[11] enredarse en votos de vida célibe,[12] dilación indebida del matrimonio;[13] tener más de un cónyuge a la vez;[14] el divorcio injusto,[15] o la deserción;[16] la ociosidad, glotonería y borrachera,[17] compañías impuras,[18] cantos, libros, pinturas, bailes y teatros lascivos;[19] y todos los demás actos de impureza, o incitaciones a la misma, tanto tratándose de nosotros como de los demás.[20]

[1] Proverbios 5:7; [2] Hebreos 13:4; Gálatas 5:19; [3] 2 Samuel 13:14; 1 Corintios 5:1; [4] Romanos 1:24, 26, 27; Levítico 20:15, 16; [5] Mateo 5:28; Mateo 15:19; Colosenses 3:5; [6] Efesios 5:3, 4; Proverbios 7:5, 21, 22; [7] Isaías 3:16; 2 Pedro 2:14; [8] Proverbios 7:10, 13; [9] 1 Timoteo 4:3; [10] Levítico 18:1-21; Marcos 6:18; Malaquías 2:11, 12; [11] 1 Reyes 15:12; 2 Reyes 23:7; Deuteronomio 23:17, 18; Levítico 19:29; Jeremías 5:7; Proverbios 7:24-27; [12] Mateo 19:10, 11; [13] 1 Corintios 7:7-9; Génesis 38:26; [14] Malaquías 2:14, 15; Mateo 19:5; [15] Malaquías 2:16; Mateo 5:32; [16] 1 Corintios 7:12, 13; [17] Ezequiel 16:49; Proverbios 23:30-33; [18] Génesis 39:19; Proverbios 5:8; [19] Efesios 5:4; Ezequiel 23:14-16; Isaías 23:15-17; Isaías 3:16; Marcos 6:22; Romanos 13:13; 1 Pedro 4:3; [20] 2 Reyes 9:30; Jeremías 9:30; Ezequiel 23:40.

P. 140. ¿Cuál es el octavo mandamiento?

R. El octavo mandamiento es: No hurtarás, [1]

[1] Éxodo 20:15.

P. 141. ¿Cuáles son los deberes exigidos en el octavo mandamiento?

R. Los deberes exigidos en el octavo mandamiento son la verdad, fidelidad y justicia en los contratos y en el comercio entre hombre y hombre,[1] pagando a cada uno lo que le es debido;[2] la restitución de los bienes que han sido quitados ilícitamente a sus legítimos propietarios;[3] dar y prestar gratuitamente, conforme a nuestras posibilidades y las necesidades de los otros;[4] la moderación en nuestros juicios, voluntades y afectos respecto a los bienes mundanos;[5] un cuidado prudente en adquirir,[6] guardar, usar y disponer de aquellas cosas que son necesarias y convenientes para el sostén de nuestra naturaleza y que son apropiadas a nuestra condición;[7] un trabajo lícito,[8] y la diligencia en él;[9] la frugalidad,[10] evitar juicios innecesarios,[11] fianzas o compromisos semejantes;[12] y el esfuerzo, por todos los medios lícitos y justos, para procurar, preservar y acrecentar las riquezas y bienestar de otros, tanto como de nosotros.[13]

[1] Salmo 15:2, 4; Zacarías 7:4, 10; Zacarías 8:16, 17; [2] Romanos 13:7; [3] Levítico 6:2-5; Lucas 19:8; [4] Lucas 6:30, 38; 1 Juan 3:17; Efesios 4:28; Gálatas 6:10; [5] 1 Timoteo 6:6-9; [6] 1 Timoteo 5:8; [7] Proverbios 27:23, 24; Eclesiastés 2:24; Eclesiastés 3:12, 13; 1 Timoteo 6:17, 18; Isaías 38:1; Mateo 11:8; [8] 1 Corintios 7:20; Génesis 2:15; Génesis 3:19; [9] Efesios 4:28; Proverbios 10:4; [10] Juan 6:12; Proverbios 21:20;

56

Catecismo Mayor y Menor

de WESTMINTER

[11] 1 Corintios 6:1-6 [12] Proverbios 6:1-6; Proverbios 11:15; [13] Levítico 25:35; Deuteronomio 22:1-4; Éxodo 23:4, 5; Génesis 47:14, 20; Filipenses 2:4; Mateo 22:39.

P. 142. ¿Cuáles son los pecados prohibidos en el octavo mandamiento?

R. Los pecados prohibidos en el octavo mandamiento, además de la negligencia en los deberes requeridos,[1] son, el robo,[2] salteamiento,[3] secuestro,[4] así como el recibir una cosa robada;[5] comercio fraudulento,[6] pesas y medidas falsas,[7] quitar linderos,[8] injusticia e infidelidad en los contratos entre hombres,[9] o en asuntos de créditos;[10] opresión,[11] extorsión,[12] usura,[13] sobornos,[14] litigios vejatorios,[15] la depredación y destrucción de los linderos;[16] acaparar los bienes para alzar el precio;[17] trabajos ilegales,[18] y todos los demás modos injustos y pecaminosos para tomar o quitar lo que pertenece a nuestro prójimo, o para enriquecernos;[19] la codicia;[20] aprecio y afecto desmedidos hacia los bienes mundanales;[21] cuidados distraídos y desconfiados para adquirir, guardar y usar de dichos bienes;[22] envidiar la prosperidad de otros;[23] asimismo la ociosidad,[24] prodigalidad, juegos de azar; y todas las maneras por las cuales perjudicamos indebidamente nuestro estado externo,[25] así como privarnos del uso debido y las comodidades del estado en que Dios nos puso.[26]

[1] Santiago 2:15, 16; 1 Juan 3:17; [2] Efesios 4:28; [3] Salmo 62:10; [4] 1 Timoteo 1:10; [5] Proverbios 29:24; Salmo 50:18; [6] 1 Tesalonicenses 4:6; [7] Proverbios 11:1; Proverbios 20:10; [8] Deuteronomio 19:14; Proverbios 23:10; [9] Amos 8:5; Salmo 37:21; [10] Lucas 16:10-12; [11] Ezequiel 22:29; Levítico 25:17; [12] Mateo 23:25; Ezequiel 22:12; [13] Salmo 15:5; [14] Job 15:34; [15] 1 Corintios 6:6-8; Proverbios 3:29, 30; [16] Isaías 5:8; Miqueas 2:2; [17] Proverbios 11:26; [18] Hechos 19:19, 24, 25; [19] Job 20:19; Santiago 5:4; Proverbios 21:6; [20] Lucas 12:15; [21] 1 Timoteo 6:5; Colosenses 3:2; Proverbios 23:5; Salmo 62:10; [22] Mateo 6:25, 31, 34; Eclesiastés 5:12; [23] Salmo 73:3; Salmo 37:1, 7; [24] 2 Tesalonicenses 3:11; Proverbios 28:9; [25] Proverbios 21:17; Proverbios 23:20, 21; Proverbios 28:19; [26] Eclesiastés 4:8; Eclesiastés 6:2; 1 Timoteo 5:8.

P. 143. ¿Cuál es el noveno mandamiento?

R. El noveno mandamiento es: No hablarás contra tu prójimo falso testimonio.[1]

[1] Éxodo 20:16.

P. 144. ¿Cuáles son los deberes exigidos en el noveno mandamiento?

R. Los deberes exigidos en el noveno mandamiento son el preservar y promover la verdad entre los hombres,[1] y la buena fama del prójimo, así como la nuestra; [2] testificar la verdad y mantenerla;[3] y hablar de corazón,[4] sinceramente,[5] libremente,[6] claramente[7] y plenamente,[8] la verdad, y solamente la verdad, en cuestiones de juicio y justicia,[9] así como en cualquier otro asunto;[10] una estima caritativa hacia nuestro prójimo;[11] amando, deseando y regocijándonos por su buen nombre;[12] entristeciéndonos por sus debilidades,[13] y ocultándolas;[14] reconociendo libremente sus dones y cualidades,[15] defendiendo su inocencia;[16] prontitud para recibir un buen informe,[17] y falta de disposición para creer un mal rumor,[18] acerca de ellos; disuadiendo a los chismosos,[19] adulad ores[20] y calumniadores;[21] un amor y cuidado por nuestro nombre defendiéndolo siempre que sea necesario;[22] guardando las promesas lícitas,[23] estudiando y practicando todas las cosas que son verdaderas, honestas, amables y que dan buena reputación.[24]

[1] Zacarías 8:16; [2] 3 Juan 12; [3] Proverbios 31:8, 9; [4] Salmo 15:2; [5] 2 Crónicas 19:9; [6] 1 Samuel 19:4, 5; [7] Josué 7:19; [8] 2 Samuel 14:18-20; [9] Levítico 19:15; Proverbios 14:5, 25; [10] 2 Corintios 1:17, 18; Efesios 4:25; [11] Hebreos 6:9; 1 Corintios 13:7; [12] Romanos 1:8; 2 Juan 4; 3 Juan 3, 4; [13] 2 Corintios 2:4; 2 Corintios 12:21; [14] Proverbios 17:9; 1 Pedro 4:8; [15] 1 Corintios 1:4, 5, 7; 2 Timoteo 1:4, 5; [16] 1

57

Samuel 22:14; [17] 1 Corintios 13:6, 7; [18] Salmo 15:3; [19] Proverbios 25:23; [20] Proverbios 26:24, 25; [21] Salmo 101:5; [22] Proverbios 22:1; Juan 8:49; [23] Salmo 15:4; [24] Filipenses 4:8.

P. 145. ¿Cuáles son los pecados prohibidos en el noveno mandamiento?

R. Los pecados prohibidos en el noveno mandamien¬to son todo perjuicio contra la verdad y buen nombre tanto nuestro como del prójimo,[1] especialmente delante de los tribunales públicos;[2] dar falso testimonio,[3] sobornar testigos falsos,[4] y a sabiendas testificar y abogar por una mala causa, confrontando y doblegando la verdad;[5] dictar sentencias injustas,[6] llamar malo a lo bueno y bueno a lo malo; recompensar al malo conforme a la obra del justo, y al justo conforme a la obra del malo;[7] falsificar,[8] ocultar la verdad, silencio indebido en una causa justa,[9] y el quedarnos quietos cuando debemos denunciar la iniquidad,[10] o quejarnos a otros;[11] hablar la verdad fuera de tiempo[12] o maliciosamente por lograr un fin perverso,[13] pervertirla con una significación errónea,[14] o expresarla de manera dudosa o equívoca, en perjuicio de la verdad y la justicia;[15] hablar falsedades,[16] mentir,[17] calumniar,[18] murmurar,[19] detractar,[20] circular bulos,[21] cuchichear,[22] ridiculizar,[23] ultrajar,[24] y censuras precipitadas,[25] toscas [26] y parciales;[27] malinterpretar intenciones, palabras y acciones;[28] adular,[29] la jactancia de vanagloria,[30] pensar o hablar demasiado alto y bajo de nosotros o de los demás;[31] negar los dones y gracias de Dios;[32] aumentar las pequeñas faltas;[33] ocultar, excusar o atenuar los pecados cuando somos llamados a hacer confesión de ellos;[34] descubrir sin necesidad las debilidades;[35] levantar falsos rumores,[36] recibir y patrocinar malas especies,[37] y cerrar nuestros oídos a la justa defensa;[38] malas sospechas;[39] la envidia o la tristeza por el merecido crédito de otro,[40] procurar o desear menoscabarlo,[41] regocijarse por su desgracia o infamia;[42] el desprecio insolente,[43] una admiración vana;[44] quebrantar promesas lícitas;[45] descuidar cosas tales como la buena reputación,[46] y practicar o no evitar nosotros mismos, o no impedir lo que podamos en los demás, las cosas que procuran mala fama.[47]

[1] 1 Samuel 17:28; 2 Samuel 16:3; 2 Samuel 1:9, 10, 15, 16; [2] Levítico 19:15; Habacuc 1:4; [3] Proverbios 19:5; Proverbios 6:16, 19; [4] Hechos 6:13; [5] Jeremías 9:3, 5; Hechos 24:2, 5; Salmo 12:3, 4; Salmo 52:1-4; [6] Proverbios 17:15; 1 Reyes 21:9-14; [7] Isaías 5:23; [8] Salmo 119:69; Lucas 19:8; Lucas 16:5-7; [9] Levítico 5:1; Deuteronomio 13:8; Hechos 5:3, 8, 9; 2 Timoteo 4:6; [10] 1 Reyes 1:6; Levítico 19:17; [11] Isaías 59:4; [12] Proverbios 29:11; [13] 1 Samuel 22:9, 10 compárese con Salmo 52, el título y versos 1-5; [14] Salmo 56:5 compárese con Mateo 26:60, 61; [15] Génesis 3:5; Génesis 26:7, 9; [16] Isaías 59:13; [17] Levítico 19:11; Colosenses 3:9; [18] Salmo 50:20; [19] Salmo 15:3; [20] Santiago 4:11; Jeremías 38:4; [21] Levítico 19:16; [22] Romanos 1:29, 30; [23] Génesis 21:9; Gálatas 4:29; [24] 1 Corintios 6:10; [25] Mateo 7:1; [26] Hechos 28:4; [27] Génesis 38:24; Romanos 2:1; [28] Nehemías 6:6-8; Romanos 3:8; Salmo 69:10; 1 Samuel 1:13- 15; 2 Samuel 10:3; [29] Salmo 12:2, 3; [30] 2 Timoteo 3:2; [31] Lucas 18:9, 11; Romanos 12:16; 1 Corintios 4:6; Hechos 12:22; Éxodo 4:10-14; [32] Job 27:5, 6; Job 4:6; [33] Mateo 7:3-5; [34] Proverbios 28:13; Proverbios 30:20; Génesis 3:12, 13; Jeremías 2:35; 2 Reyes 5:25; Génesis 4:9; [35] Génesis 9:22; Proverbios 25:9, 10; [36] Éxodo 23:1; [37] Proverbios 29:12; [38] Hechos 7:56, 57; Job 31:13, 14; [39] 1 Corintios 13:5; 1 Timoteo 6:4; [40] Números 11:29; Mateo 21:15; [41] Esdras 4:12, 13; [42] Jeremías 48:27; [43] Salmo 35:15, 16, 21; Mateo 27:28, 29; [44] Judas 16; Hechos 12:22; [45] Romanos 1:31; 2 Timoteo 3:3; [46] 1 Samuel 2:24; [47] 2 Samuel 13:12, 13; Proverbios 5:8, 9; Proverbios 6:33.

P. 146. ¿Cuál es el décimo mandamiento?

R. El décimo mandamiento es: No codiciarás la casa de tu prójimo, ni codiciarás la mujer de tu prójimo, ni su siervo ni su criada, ni su buey, ni su as no, ni cosa alguna de tu prójimo.[1]

[1] Éxodo 20:17.

P. 147. ¿Cuáles son los deberes exigidos en el décimo mandamiento?

R. Los deberes exigidos en el décimo mandamiento son el pleno contentamiento con nuestra propia condición,[1] y una tal disposición caritativa de toda el alma para con nuestro prójimo, que todas nuestras emociones y afectos internos hacia él, sirvan para su bien, y lo promuevan.[2]

[1] Hebreos 13:5; 1 Timoteo 6:6; [2] Job 31:29; Romanos 12:15; Salmo 122:7-9; 1 Timoteo 1:5; Ester 10:3; 1 Corintios 13:4-7.

P. 148. ¿Cuáles son los pecados prohibidos en el décimo mandamiento?

R. Los pecados prohibidos en el décimo mandamiento son el descontento con nuestro propio estado,[1] la envidia[2] y tristeza por el bien de nuestro prójimo,[3] juntamente con todas las emociones y afectos desordenados por cualquier cosa que sea suya.[4]

[1] 1 Reyes 21:4; Ester 5:13; 1 Corintios 10:10; [2] Gálatas 5:26; Santiago 3:14, 16; [3] Salmo 112:9, 10; Nehemías 2:10; [4] Romanos 7:7, 8; Romanos 13:9; Colosenses 3:5; Deuteronomio 5:21.

P. 149. ¿Puede algún hombre guardar perfectamente los mandamientos de Dios?

R. Ningún hombre es capaz, ni por sí mismo,[1] ni por alguna gracia recibida en esta vida, de guardar perfectamente los mandamientos de Dios;[2] sino que diariamente los quebranta en pensamiento,[3] palabra y obra.[4]

[1] Santiago 3:2; Juan 15:5; Romanos 8:3; [2] Eclesiastés 7:20; 1 Juan 1:8, 10; Gálatas 5:17; Romanos 7:18, 19; [3] Génesis 6:5; Génesis 8:21; [4] Romanos 3:9-19; Santiago 3:2-13.

P. 150. ¿Son igualmente detestables en sí mismas a la vista de Dios, todas las trasgresiones de sus mandamientos?

R. Todas las trasgresiones de la ley de Dios no son igualmente detestables, sino que algunos pecados en sí mismos, y por razón de varias circunstancias agravantes, son más detestables que otras a la vista de Dios.[1]

[1] Juan 19:11; Ezequiel 8:6, 13, 15; 1 Juan 5:16; Salmo 78:17, 32, 56.

P. 151. ¿Cuáles son las circunstancias agravantes que hacen a algunos pecados más detestables que otros?

R. Los pecados pueden ser más graves si se considera:

1. Las personas que ofenden,[1] si ellas son personas de mayor edad,[2] de gran experiencia o gracia,[3] eminentes por su profesión,[4] cualidades,[5] situación,[6] oficio,[7] si son guías de otros,[8] de tal manera que su ejemplo pueda ser seguido por otros[9].

2. Las partes ofendidas:[10] Si es directamente contra Dios,[11] contra sus atributos[12] y adoración;[13] contra Cristo y su gracia;[14] contra el Espíritu Santo,[15] su testimonio[16] y obras[17]; contra los superiores, hombres eminentes[18] y quienes que

Catecismo Mayor y Menor

de WESTMINTER

estamos especialmente relacionados y obligados para con ellos;[19] si es contra alguno de los creyentes,[20] especialmente si es un hermano débil,[21] si es contra las almas de ellos o de otro[22] y el bien común de todos o de algunos[23].

3. La naturaleza y calidad de la ofensa:[24] si es contra la letra expresa de la ley,[25] si quebranta muchos mandamientos, conteniendo así muchos pecado;[26] no solamente concebidos en el corazón, sino que se manifiestan en palabras y acciones;[27] si escandalizan a otros[28] y no admiten reparación;[29] si son contra los medios,[30] misericordias,[31] juicios,[32] la luz natural,[33] convicción del conciencia,[34] pública o privada amonestación,[35] censuras de la iglesia,[36] castigos civiles;[37] si son contra nuestras oraciones, propósitos, promesas[38], votos[39], pactos[40] y compromisos con Dios y con los hombres;[41] si fue hecha deliberada,[42] voluntaria,[43] presuntuosa,[44] imprudente,[45] hinchada,[46] maliciosa,[47] frecuente[48] y obstinadamente,[49] con delicia[50] continuidad[51] o recaída después del arrepentimiento[52].

4. Las circunstancias de tiempo[53] y lugar:[54] si son en el Día del Señor[55] o en otros momentos de la adoración divina;[56] o inmediatamente antes,[57] o después de éste,[58] o de otras providencias tomadas para prevenir o remediar tales faltas;[59] si fue en publico o en la presencia de otros, que puedan ser provocados o manchados por ellos[60].

[1] Jeremías 2:8; [2] Job 32:7, 9; Eclesiastés 4:13; [3] 1 Reyes 11:4, 9; [4] 2 Samuel 12:14; 1 Corintios 5:1; [5] Santiago 4:17; Lucas 12:47, 48; [6] Jeremías 5:4, 5; [7] 2 Samuel 12:7-9; Ezequiel 8:11, 12; [8] Romanos 2:17-24; [9] Gálatas 2:11-14; [10] Mateo 21:38, 39; [11] 1 Samuel 2:25; Hechos 5:4; Salmo 51:4; [12] Romanos 2:4; [13] Malaquías 1:8, 14; [14] Hebreos 2:2, 3; Hebreos 12:25; [15] Hebreos 10:29; Mateo 22:31-32; [16] Efesios 4:30; [17] Hebreos 6:4-6; [18] Judas 8; Números 12:8, 9; Isaías 3:5; [19] Proverbios 30:17 ; 2 Corintios 12:15; Salmo 55:12-15; [20] Sofonías 2:8, 10, 11; Mateo 18:6; 1 Corintios 6:8; Apocalipsis 17:6; [21] 1 Corintios 8:11, 12; Romanos 14:13, 15, 21; [22] Ezequiel 13:19; 1 Corintios 8:12, 13; Mateo 23:15 [23] 1 Tesalonicenses 2:15, 16; Josué 22:20; [24] Proverbios 6:30-33; [25] Esdras 9:10-12; 1 Reyes 11:9, 10; [26] Colosenses 3:5; 1 Timoteo 6:10; Proverbios 5:8-12; Proverbios 6:32, 33; Josué 7:21; [27] Santiago 1:14, 15; Mateo 5:22; Miqueas 2:1; [28] Mateo 18:7; Romanos 2:23, 24;[29] Deuteronomio 22:22, 28, 29; Proverbios 6:32-35;[30] Mateo 11:21-24; Juan 15:22;[31] Isaías 1:3; Deuteronomio 32:6; [32] Amos 4:8-11; Jeremías5:3; [33] Romanos 1:26, 27; [34] Romanos 1:32; Daniel 5:22; Tito 3:10, 11; [35] Proverbios 29:1; [36] Tito 3:10; Mateo 18:17; [37] Proverbios 27:22; Proverbios 23:35; [38] Salmo 78:34-37; Jeremías 2:20; Jeremías 42:5, 6, 20, 21; [39] Eclesiastés 5:4-6; Proverbios 20:25; [40] Levítico 26:25; [41] Proverbios 2:17; Ezequiel 17:18, 19; [42] Salmo 36:4; [43] Jeremías 6:16; [44] Números 15:30; Éxodo 21:14; [45] Jeremías 3:3; Proverbios 7:13; [46] Salmo 52:1; [47] 3 Juan 10; [48] Números 14:22; [49] Zacarías 7:11, 12; [50] Proverbios 2:14; [51] Isaías 57:17; [52] Jeremías 34:8-11; 2 Pedro 2:20-22; [53] 2 Reyes 5:26; [54] Jeremías 7:10; Isaías 26:10; [55] Ezequiel 23:37-39; [56] Isaías 58:3-5; Números 25:6, 7; [57] 1 Corintios 11:20, 21; [58] Jeremías 7:8-10; Proverbios 7:14, 15; Juan 13:27, 30; [59] Edras 9:13, 14; [60] 2 Samuel 16:22; 1 Samuel 2:22-24

P. 152. ¿Qué es lo que cada pecado merece a la vista de Dios?
R. Cada pecado, aun el más pequeño, siendo contra la soberanía,[1] bondad[2] y santidad de Dios[3] y contra su justa ley, [4] merece su ira y maldición, [5] tanto en esta vida[6] como en la venidera;[7] y nada puede expiarlo sino la sangre de Cristo.[8]

[1] Santiago 2:10, 11 [2] Éxodo 20:1, 2; [3] Habacuc 1:13; Levítico 10:3; Levítico 11:44, 45; [4] 1 Juan 3:4; Romanos 7:12; [5] Efesios 5:6; Gálatas 3:10; [6] Lamentaciones 3:39; Deuteronomio 28:15 hasta el final; [7] Mateo 25:4;1 [8] Hebreos 9:22; 1 Pedro 1:18, 19

P. 153. ¿Qué es lo que Dios requiere de nosotros para que escapemos de la ira y maldición que hemos merecido por razón de las trasgresiones de la ley?

R. Para que escapemos de la ira y maldición de Dios que hemos merecido por razón de las trasgresiones de la ley, Él requiere de nosotros el arrepentimiento para con Dios y la fe en nuestro Señor Jesucristo,[1] y el uso diligente de los medios externos por los que Cristo nos comunica los beneficios de su mediación.[2]

[1] Hechos 20:21; Mateo 3:7, 8 Lucas 13:3, 5; Hechos 16:30, 31; Juan 3:16, 18; [2] Proverbios 2:1-5; Proverbios 8:33-36.

P. 154. ¿Cuáles son los medios externos por los que Cristo nos comunica los beneficios de su mediación?

R. Los medios externos y ordinarios por los que Cristo comunica a su iglesia los beneficios de su mediación, son todas sus ordenanzas; especialmente la Palabra, los sacramentos y la oración; todos los cuales son eficaces para la salvación de los elegidos.[1]

[1] Mateo 28:19, 20; Hechos 2:42, 46, 47.

P. 155 ¿Cómo es hecha eficaz la Palabra para la salvación?

R. El Espíritu de Dios hace de la lectura de la palabra, y especialmente de la predicación de ella, un medio eficaz para iluminar,[1] convencer y humillar a los pecadores;[2] sacándolos de sí mismos y conduciéndolos a Cristo;[3] conformándolos a su imagen[4] y subyugándolos a su voluntad;[5] fortaleciéndolos contra las tentaciones y corrupciones; edificándolos en su gracia[6] y afirmando el corazón de ellos en santidad y consuelo por medio de la fe para salvación.[7]

[1] Nehemías 8:8; Hechos 26:18; Salmo 19:8; [2] 1 Corintios 14:24, 25; 2 Crónicas 34:18, 19, 26-28; [3] Hechos 2:37, 41; Hechos 8:27-30, 35-38; [4] 2 Corintios 3:18; [5] 2 Corintios 10:4-6; Romanos 6:17; [6] Mateo 4:4, 7, 10; Efesios 6:16, 17; Salmo 19:11; 1 Corintios 10:11; [7] Hechos 20:32; 2 Timoteo 3:15-17; [8] Romanos 16:25; 1 Tesalonicenses 3:2, 10, 11, 13; Romanos 15:4; Romanos 10:13-17; Romanos 1:16.

P. 156. ¿La Palabra de Dios debe ser leída por todos?

R. Aunque no a todos les es permitido leer la palabra de Dios públicamente a la congregación,[1] sin embargo, toda clase de personas está obligada a leerla para sí misma[2] y con sus familias; [3] para lo cual las Santas Escrituras deben traducirse del original al lenguaje común [4]

[1] Deuteronomio 31:9, 11-13; Nehemías 8:2, 3; Nehemías 9:3-5 [2] Deuteronomio 17:19; Apocalipsis 1:3; Juan 5:39; Isaías 34:16; [3] Deuteronomio 6:6-9; Génesis 18:17; Salmo 78:5-7; [4] 1 Corintios 14:6, 9, 11, 12, 15, 16, 24, 27, 28.

P. 157. ¿Cómo debe leerse la Palabra de Dios?

R. Las Santas Escrituras deben leerse con una alta y reverente estima de ellas;[1] con la persuasión firme de que son la verdadera palabra de Dios[2] y de que sólo Él puede capacitarnos para entenderlas;[3] con el deseo de conocer, creer y obedecer la voluntad de Dios revelada en ellas;[4] con diligencia[5] y atención tanto su contenido como alcance;[6] con meditación,[7] aplicación,[8] abnegación[9] y oración.[10]

[1] Salmo 19:10; Nehemías 8:3-6, 10 Éxodo 24:7; 2 Crónicas 34:27; Isaías 66:2; [2] 2 Pedro 1:19-21; [3] Lucas 24:45; 2 Corintios 3:13-16; [4] Deuteronomio 17:10, 20; [5] Hechos 17:11; [6] Hechos 8:30, 34; Lucas 10:26-28; [7] Salmo 1:2; Salmo 119:97; [8] 2 Crónicas 34:21; [9] Proverbios 3:5; Deuteronomio 33:3; [10] Proverbios 2:1-6; Salmo 119:18; Nehemías 7:6, 8.

P. 158. ¿Por quién debe ser predicada la Palabra de Dios?

R. La palabra de Dios debe ser predicada solamente por aquellos que están suficientemente dotados de las cualidades necesarias,[1] y que han sido llamados y aprobados de la manera debida para este oficio.[2]

[1] 1 Timoteo 3:2, 6; Efesios 4:8-11; Oseas 4:6; Malaquías 2:7; 2 Corintios 3:6; [2] Jeremías 14:15; Romanos 10:15; Hebreos 5:4; 1 Corintios 12:28, 29; 1 Timoteo 3:10; 1 Timoteo 4:14; 1 Timoteo 5:22.

P. 159. ¿Cómo debe ser predicada la Palabra de Dios por los que son llamados para ello?

R. Los que son llamados para trabajar en el ministerio de la Palabra deben predicar sólida doctrina,[1] con diligencia, [2] a tiempo y fuera de tiempo;[3] claramente,[4] no con palabras persuasivas de humana sabiduría, sino con demostración del Espíritu y con poder;[5] con fidelidad,[6] dando a conocer todo el consejo de Dios; [7] con sabiduría,[8] adaptándose a las necesidades y capacidades de los oyentes;[9] con celo[10] con amor ferviente a Dios[11] y a las almas de su pueblo;[12] con sinceridad,[13] buscando la gloria de Dios,[14] y la conversión,[15] edificación,[16] y salvación de ellos.[17]

[1] Tito 2:1, 8; [2] Hechos 18:25; [3] 2 Timoteo 4:2; [4] 1 Corintios 14:19; [5] 1 Corintios 2:4; [6] Jeremías 23:28; 1 Corintios 4:1, 2; [7] Hechos 20:27; [8] Colosenses 1:28; 2 Timoteo 2:15; [9] 1 Corintios 3:2; Hebreos 5:12-14; Lucas 12:42; [10] Hechos 18:25; [11] 2 Corintios 5:13, 14; Filipenses 1:15-17; [12] Colosenses 4:12 ; 2 Corintios 12:15; [13] 2 Corintios 2:17; 2 Corintios 4:2; [14] 1 Tesalonicenses 2:4-6; Juan 7:18; [15] 1 Corintios 9:19-22; [16] 2 Corintios 12:19; Efesios 4:12; [17] 1 Timoteo 4:16; Hechos 26:16-18.

P. 160. ¿Qué se requiere de aquellos que oyen la Palabra predicada?

R. De aquellos que oyen la palabra predicada se requiere que la atiendan con diligencia,[1] preparación,[2] y oración;[3] que comprueben lo que oyen con las Escrituras y; [4] que reciban la verdad con fe,[5] amor,[6] mansedumbre,[7] y prontitud de ánimo,[8] como la palabra de Dios;[9] meditando e] y conversando acerca de ella;[10] guardándola en el corazón,[11] y manifestando los frutos de ella en la vida.[12]

[1] Proverbios 8:34; [2] 1 Pedro 2:1, 2; Lucas 8:18; [3] Salmo 119:18; Efesios 6:18, 19; [4] Hechos 17:11; [5] Hebreos 4:2; [6] 2 Tesalonicenses 2:10; [7] Santiago 1:21; [8] Hechos 17:11; [9] 1 Tesalonicenses 2:13; [10] Lucas 9:44; Hebreos 2:1; [11] Lucas 24:14; Deuteronomio 6:6, 7; [12] Proverbios 2:1; Salmo 119:11; [13] Lucas 8:15; Santiago 1:25.

P. 161. ¿Cómo vienen a ser los sacramentos medios eficaces de salvación?

R. Los sacramentos vienen a ser medios eficaces de salvación, no por algún poder que haya en ellos ni por virtud alguna derivada de la piedad o intención de aquel que los administra, sino solamente por la operación del Espíritu Santo y las bendiciones de Cristo que los instituyó.[1]

[1] 1 Pedro 3:21; Hechos 8:13, 23; 1 Corintios 3:6, 7; 1 Corintios 12:13.

P. 162. ¿Qué es un sacramento?

R. Un sacramento es una santa ordenanza instituida por Cristo en su Iglesia,[1] para significar, sellar y presentar[2] a aquellos que están dentro del pacto de gracia,[3] los beneficios de su mediación;[4] para fortalecer y acrecentar la fe y otras gracias;[5] para obligarlos a la obediencia;[6] para testificar y mantener el amor y comunión del uno con el otro;[7] y distinguirlos de los que están fuera.

[1] Génesis 17:7, 10; Éxodo 12; Mateo 28:19; Mateo 26:26-28; [2] Romanos 4:11; 1 Corintios 11:24, 25; [3] Romanos 15:8; Éxodo 12:48; [4] Hechos 2:38; 1 Corintios 10:16; [5] Romanos 4:11; Gálatas 3:27; [6] Romanos 6:3, 4; 1 Corintios 10:21; [7] Efesios 4:2-5; 1 Corintios 12:13; [8] Efesios 2:11, 12; Génesis 34:14.

P. 163. ¿Cuáles son las partes de un sacramento?

R. Las partes de un sacramento son dos: una es el signo externo y sensible usado conforme al mismo mandato de Cristo; la otra es, la gracia interna y espiritual significada por aquella.[1]

[1] Mateo 3:11; 1 Pedro 3:21; Romanos 2:28, 29.

P. 164. ¿Cuántos sacramentos instituyó Cristo en su iglesia bajo el nuevo Testamento?

R. Bajo el Nuevo Testamento Cristo instituyó en su iglesia solamente dos sacramentos, el Bautismo y la Cena del Señor.[1]

[1] Mateo 28:19; 1 Corintios 11:20, 23; Mateo 26:26-28.

P. 165. ¿Qué es el Bautismo?

R. El Bautismo es un sacramento del nuevo pacto, en el cual Cristo ha ordenado que el lavamiento con agua en el nombre del Padre, del Hijo y del Espíritu Santo,[1] sea un signo y un sello de unión con Él,[2] de remisión de pecado por su sangre[3] y de regeneración por su Espíritu;[4] de adopción,[5] de resurrección a la vida eterna;[6] y por el mismo sacramento los que se bautizan son admitidos solemnemente en la iglesia visible[7] y entran en un compromiso abierto y profesado de ser total y solamente del Señor.[8]

[1] Mateo 28:19; [2] Gálatas 3:27; [3] Marcos 1:4; Apocalipsis 1:5; [4] Tito 3:5; Efesios 5:26; [5] Gálatas 3:26, 27; [6] 1 Corintios 15:29; Romanos 6:5; [7] 1 Corintios 12:13 [8] Romanos 6:4.

P. 166. ¿A quiénes debe administrarse el Bautismo?

R. El Bautismo no debe administrarse a ninguno de los que están fuera de la iglesia visible y por lo tanto son extraños al pacto de la promesa si no es hasta que profesen su fe en Cristo y obediencia a Él;[1] pero los niños que descienden de padres, ya sea ambos o sólo uno de ellos, que han profesado su fe en Cristo y obediencia a él, por esta consideración están dentro del pacto, y deben ser bautizados.[2]

[1] Hechos 8:36, 37; Hechos 2:38; [2] Génesis 17:7, 9, 14; Gálatas 3:9, 14; Colosenses 2:11, 12; Hechos 2:38, 39; Romanos 4:11, 12; 1 Corintios 7:14; Mateo 28:19; Lucas 18:15, 16; Romanos 11:16.

P. 167. ¿Cómo nuestro bautismo ha de ser empleado por nosotros?

R. El indispensable pero muchas veces descuidado deber de aprovechamos de nuestro bautismo, ha ser cumplido por nosotros durante toda nuestra vida, especialmente en el tiempo de la tentación, y cuando estamos presentes en la administración de él a otros;[1] por una consideración seria y llena de gratitud por su naturaleza y de los fines para el cual Cristo lo instituyó, los privilegios y beneficios conferidos y sellados por medio de él, y del voto solemne que hicimos; [2] por ser humildes por nuestras debilidades pecaminosas, de quedarnos faltos, y andar en contra, de la gracia del bautismo y de nuestras promesas;[3] por el crecimiento en la seguridad del perdón del pecado, y de todas las otras bendiciones selladas en nosotros por este sacramento;[4] por derivar fuerza de la muerte y resurrección de Cristo, en quien somos bautizados, por la mortificación de la carne y avivamiento de la gracia;[5] y por los esfuerzos en vivir por la fe,[6] para tener nuestra manera de vivir en santidad y justicia.[7] como aquellos que han entregado su nombre a Cristo;[8] y para andar en amor fraternal, como siendo bautizados por el mismo Espíritu en un cuerpo.[9]

[1] Colosenses 2:11, 12; Romanos 6:4, 6, 11; [2] Romanos 6:3-5; [3] 1 Corintios 1:11-13; Romanos 6:2, 3; [4] Romanos 4:11, 12; 1 Pedro 3:21; [5] Romanos 6:3-5; [6] Gálatas 3:26, 27; [7] Romanos 6:22; [8] Hechos 2:38; [9] 1 Corintios 12:13, 25-27.

P. 168. ¿Qué es la Cena del Señor?

R. La Cena del Señor es un sacramento del Nuevo Pacto,[1] en el cual, dando y recibiendo pan y vino conforme a la ordenanza de Jesucristo, se simboliza su muerte; y aquellos que participan dignamente, se alimentan de su cuerpo y de su sangre, para su alimento espiritual y crecimiento en la gracia;[2] confirman así su unión y comunión con Él;[3] testifican y renuevan su gratitud[4] y compromiso para con Dios,[5] y su amor y amistad del uno con el otro como miembros del mismo cuerpo místico.[6]

[1] Lucas 22:20; [2] Mateo 26:26-28; 1 Corintios 11:23-26; [3] 1 Corintios 10:16; [4] 1 Corintios 11:24; [5] 1 Corintios 10:14-16, 21; [6] 1 Corintios 10:17.

P. 169. ¿Cómo mandó Cristo que fuesen dados el pan y el vino en el sacramento de la Cena del Señor?

R. Cristo ordenó a los ministros de la palabra, en la administración del sacramento de la Cena del Señor, apartar del uso común el pan y el vino por medio de las palabras de la institución, acción de gracias y oración; tomar y romper el pan, y dar a los comulgantes tanto el pan como el vino; quienes, por la misma ordenanza, han de recibir y comer el pan, y beber el vino, en agradecida rememoración de que el cuerpo de Cristo fue roto y entregado, y su sangre derramada por ellos.[1]

[1] 1 Corintios 11:23, 24; Mateo 26:26-28; Marcos 14:22-24; Lucas 22:19, 20.

P. 170. ¿Cómo se alimentan del cuerpo y de la sangre de Cristo los que participan dignamente de la Cena del Señor?

R. Como el cuerpo y la sangre de Cristo no están corporal o carnalmente presentes en, con o bajo el pan y el vino en la Cena del Señor,[1] y sin embargo están presentes espiritualmente a la fe del que recibe, no con menos verdad y realidad que los elementos mismos a los sentidos externos;[2] así los que participan dignamente del sacramento de la Cena del Señor, se alimentan del cuerpo y de la sangre de Cristo, no corporal o carnalmente, sino de una manera espiritual; bien que verdadera y realmente,[3] mientras por la fe reciben y se aplican a sí mismos a Cristo crucificado y a los beneficios de su muerte.[4]

Catecismo Mayor y Menor

de WESTMINTER

[1] Hechos 3:21; [2] Mateo 26:26, 28; [3] 1 Corintios 11:24-29; [4] 1 Corintios 10:16.

P. 171. ¿Cómo deben prepararse los que reciben el sacramento de la Cena del Señor antes de venir a él?

R. Aquellos que reciben el sacramento de la Cena del Señor, deben prepararse antes de venir a él, por un examen de sí mismos,[1] de si están en Cristo,[2] de sus pecados y necesidades;[3] de la verdad y medida de su conocimiento,[4] fe,[5] arrepentimiento;[6] amor a Dios y a los hermanos,[7] caridad para con todos los hombres,[7] perdón de aquellos que les han hecho mal;[8] de sus deseos de Cristo,[8] y de su nueva obediencia;[9] así como por renovar el ejercicio de aquellas gracias,[10] por meditación seria[11] y oración ferviente.[12]

[1] 1 Corintios 11:28; [2] 2 Corintios 13:5; [3] 1 Corintios 5:7; compárese con Éxodo 12:15; [4] 1 Corintios 11:29; [5] 1 Corintios 13:5; Mateo 26:28; [6] Zacarías 12:10; 1 Corintios 11:31; [7] 1 Corintios 10:16, 17; Hechos 2:46, 47; [8] 1 Corintios 5:8; 1 Corintios 11:18, 20; [9] Mateo 5:23, 24; [10] Isaías 55:1; Juan 7:37; [11] 1 Corintios 5:7, 8; [12] 1 Corintios 11:25, 26, 28; Hebreos 10:21, 22, 24; Salmo 26:6; [13] 1 Corintios 11:24, 25; [14] 2 Crónicas 30:18, 19; Mateo 26:26.

P. 172. ¿Puede alguno que duda de que está en Cristo o de su preparación, acercarse a la Cena del Señor?

R. Uno que dude de que está en Cristo o de su debida preparación para el sacramento de la Cena del Señor, puede tener un verdadero interés en Cristo aun cuando no esté seguro de ello;[1] y según Dios ve las cosas la tiene, si está debidamente afectado por la aprehensión de la necesidad de ella[2] y desea sinceramente ser hallado en Cristo[3] y apartarse de la iniquidad;[4] en cuyo caso (porque las promesas son hechas, y este sacramento fue establecido para el bien de los cristianos débiles y que dudan)[5] él debe lamentar su incredulidad,[6] y trabajar para resolver sus dudas;[7] y, siendo así, él puede y debe acercarse a la Cena del Señor, para que sea más fortalecido.[8]

[1] Isaías 50:10; 1 Juan 5:13; Salmo 88; Salmo 77:1-4, 7-10; Jonás 2:4; [2] Isaías 54:7-10; Mateo 5:3, 4; Salmo 31:22; Salmo 73:13, 22, 23; [3] Filipenses 3:8, 9; Salmo 10:17; Salmo 42:1, 2, 5, 11; [4] 2 Timoteo 2:19; Isaías 50:10; Salmo 66:18-20; [5] Isaías 40:11, 29, 31; Mateo 11:28; Mateo 12:20; Mateo 26:28 [6] Marcos 9:24 [7] Hechos 2:37; Hechos 16:30; [7] Romanos 4:11; 1 Corintios 11:28.

P. 173. ¿Se puede prohibir a alguno de los que profesan tener deseo de acercarse a la Cena del Señor el que lo haga?

R. Aquellos que son hallados ignorantes y escandalosos, no obstante su profesión de fe y su deseo de acercarse a la Cena del Señor, pueden y deben ser apartados de este sacramento por el poder que Cristo ha dejado a su iglesia,[1] hasta que reciban instrucción y manifiesten su reforma.[2]

[1] 1 Corintios 11:27-34; Mateo 7:6; 1 Corintios 5; Judas 23; 1 Timoteo 5:22; [2] 2 Corintios 2:7.

P. 174. ¿Qué se requiere de aquellos que reciben el sacramento de la Cena del Señor en el tiempo de la administración de él?

R. Se requiere de aquellos que reciben el sacramento de la Cena del Señor, que, durante el tiempo de la administración de él, con toda atención y santa reverencia esperen en Dios en esta ordenanza,[1] observando diligentemente las acciones y elementos sacramentales,[2] discerniendo cuidadosamente el cuerpo del Señor,[3] y meditando con afecto en su muerte

65

y sufrimientos,[4] y se sientan estimulados al ejercicio vigoroso de sus gracias;[5] en juzgarse a sí mismos[6] y entristecerse por su pecado;[7] en tener una intensa hambre y sed de Cristo,[8] alimentándose de él por la fe,[9] recibiendo de su plenitud,[10] confiando en sus méritos,[11] regocijándose en su amor,[12] agradeciendo su gracia;[13] renovando su pacto con Dios[14] y su amor para todos los santos.[15]

[1] Levítico 10:3; Hebreos 12:28; Salmo 5:7; 1 Corintios 11:17, 26, 27; [2] Éxodo 24:8 compárese con Mateo 26:28; [3] 1 Corintios 11:29; [4] Lucas 22:19; [5] 1 Corintios 11:26; 1 Corintios 10:3-5, 11, 14; [6] 1 Corintios 11:31; [7] Zacarías 12:10; [8] Apocalipsis 22:17; [9] Juan 6:35; [10] Juan 1:16; [11] Filipenses 1:16; [12] Salmo 63:4, 5; 2 Crónicas 30:21; [13] Salmo 22:26; [14] Jeremías 50:5; Salmo 50:5; [15] Hechos 2:42.

P. 175. ¿Cuál es el deber de los cristianos después que han recibido el sacramento de la Cena del Señor?

R. El deber de los cristianos después de que han recibido el sacramento de la Cena del Señor, es pensar seriamente cómo han obrado en ella y con cuál resultado;[1] si hallan avivamiento y consuelo, a bendecir a Dios por él,[2] pedir la continuación del mismo;[3] velar contra las recaídas,[4] cumplir sus votos,[5] y animarse a la asistencia frecuente a esta ordenanza;[6] pero si no encuentran ningún beneficio presente, revisar más escrupulosamente su preparación para el sacramento y su conducta durante el mismo;[7] en los cuales, si pueden aprobarse a sí mismos para con Dios y sus propias conciencias, han de esperar el fruto a su tiempo debido;[8] pero si ven que han salido vacíos de cada una de estas cosas, deben humillarse,[9] y asistir en lo sucesivo con más cuidado y diligencia.[10]

[1] Salmo 28:7; Salmo 85:8; 1 Corintios 11:17, 30, 31; [2] 2 Crónicas 30:21, 22, 23, 25, 26; Hechos 2:42, 46, 47; [3] Salmo 36:10; 1 Crónicas 29:18; [4] 1 Corintios 10:3-5, 12; [5] Salmo 50:14; [6] 1 Corintios 11:25, 26; Hechos 2:42, 46; [7] Cantares 5:1-6; Eclesiastés 5:1-6; [8] Salmo 123:1, 2; Salmo 42:5, 8; Salmo 43:3-5; [9] 2 Crónicas 30:18, 19; [10] 2 Corintios 7:11; 1 Crónicas 15:12-14.

P. 176. ¿En qué son semejantes el sacramento del Bautismo y el de la Cena del Señor?

R. El sacramento del Bautismo y el de la Cena del Señor son semejantes en que el autor de ambos es Dios;[1] en que la parte espiritual de los dos es Cristo y sus beneficios;[2] ambos son sellos del mismo pacto,[3] deben ser administrados por ministros del evangelio, y no por ningún otro;[4] y continuaran en la iglesia hasta la segunda venida.[5]

[1] Mateo 28:19; 1 Corintios 11:23; [2] Romanos 6:3, 4; 1 Corintios 10:16; [3] Romanos 4:11; Colosenses 2:12; Mateo 26:27, 28; [4] Juan 1:33; Mateo 28:19; 1 Corintios 11:23; 1 Corintios 4:1; Hebreos 5:4; [5] Mateo 28:19, 20; 1 Corintios 11:26.

P. 177. ¿En qué difieren los sacramentos del Bautismo y de la Cena del Señor?

R. Los sacramentos del Bautismo y de la Cena del Señor difieren en que el Bautismo sólo ha de administrarse una vez, con agua, para que sea un signo y un sello de nuestra regeneración y de que estamos injertados en Cristo,[1] y esto aun a los niños;[2] mientras que la Cena del Señor debe administrarse con frecuencia, en los elementos de pan y vino, para representar y mostrar a Cristo como el alimento espiritual del alma,[3] y confirmar nuestra permanencia y crecimiento en Él,[4] y esto sólo los que tienen la edad y capacidad de examinarse a sí mismos.[5]

[1] Mateo 3:11; Tito3:5; Gálatas 3:27; [2] Génesis 17:7, 9; Hechos 2:38, 39; 1 Corintios 7:14; [3] 1 Corintios 11:23-26; [4] 1 Corintios 10:16; [5] 1 Corintios 11:28, 29.

P. 178. ¿Qué es la oración?

R. La oración es el ofrecimiento de nuestros deseos a Dios,[1] en el nombre de Cristo,[2] y por la ayuda de su Espíritu;[3] con confesión de nuestros pecados[4] y reconocimiento agradecido de sus beneficios.[5]

[1] Salmo 62:8; [2] Juan 16:23; [3] Romanos 8:26; [4] Salmo 32:5, 6; Daniel 9:4; [5] Filipenses 4:6.

P. 179. ¿Debemos orar a Dios solamente?

R. Siendo Dios el único capaz de escudriñar los corazones,[1] de oír las súplicas,[2] perdonar los pecados[3] y cumplir los deseos de todos;[4] y el único en quien se debe cree,[5] y a quien se debe adorar con culto religioso;[6] la oración, que es una parte de este culto,[7] debe ser hecha por todos únicamente a Él,[8] y a ninguno otro.[9]

[1] 1 Reyes 8:39; Hechos 1:24; Romanos 8:27; [2] Salmo 65:2; [3] Miqueas 7:18; [4] Salmo 145:18, 19; [5] Romanos 10:14; [6] Mateo 4:10; [7] 1 Corintios 1:2; [8] Salmo 50:15; [9] Romanos 10:14.

P. 180. ¿Qué es orar en el nombre de Cristo?

R. Orar en el nombre de Cristo es, en obediencia a su mandamiento, y en confianza a sus promesas, pedir misericordia a Él;[1] no por el simple hecho de mencionar su nombre,[2] sino por derivar un incentivo para orar, y nuestro aliento, fuerza y esperanza de hallar aceptación para nuestra súplica, en Cristo y en su mediación.[3]

[1] Juan 14:13, 14; Juan 16:24; Daniel 9:17; [2] Mateo 7:21; [3] Hebreos 4:14-16; 1 Juan 5:13-15.

P. 181. ¿Por qué debemos orar en el nombre de Cristo?

R. Lo pecaminosidad del hombre, y su distancia de Dios por su causa, al ser tan grande no podemos tener acceso a su presencia sin un mediador,[1] y no habiendo en el cielo ni en la tierra ningún otro señalado o apto para esta obra gloriosa sino sólo Cristo, [2] no debemos pedir en ningún otro nombre más que en el suyo.[3]

[1] Juan 14:6; Isaías 59:2; Efesios 3:12; [2] Juan 6:27; Hebreos 7:25-27; 1 Timoteo 2:5; [3] Colosenses 3:17; Hebreos 13:15.

P. 182. ¿Cómo nos ayuda el Espíritu Santo a orar?

R. No sabiendo nosotros pedir lo que conviene, el Espíritu ayuda nuestra flaqueza, capacitándonos para entender para quiénes, por qué y cómo debemos pedir; y por obrar y vivificar en nuestro corazón (aunque no en todas las personas, ni en todos los tiempos en la misma medida), aquellas aprehensiones, afectos y gracias que son requisitos para el cumplimiento recto de este deber.[1]

[1] Romanos 8:26, 27; Salmo 10:17; Zacarías 12:10.

P. 183. ¿Por quiénes debemos orar?

R. Debemos orar por toda la Iglesia que está sobre la tierra;[1] por las autoridades[2] y ministros;[3] por nosotros mismos,[4] por nuestros hermanos[5] y también por nuestros enemigos;[6] por toda clase de los hombres que viven[7] a que vivirán;[8] mas no por los muertos[9] ni por aquellos que sabemos han cometido el pecado de muerte.[10]

[1] Efesios 6:18; Salmo 28:9; [2] 1 Timoteo 2:1, 2; [3] Colosenses 4:3; [4] Génesis 32:11; [5] Santiago 5:16; [6] Mateo 5:44; [7] 1 Timoteo 2:1, 2; [8] Juan 17:20; 2 Samuel 7:29; [9] 2 Samuel 12:21-23; [10] 1 Juan 5:16.

P. 184. ¿Por cuáles cosas debemos orar?

R. Debemos orar por todas las cosas que tienden a la gloria de Dios,[1] al bienestar de la iglesia,[2] de nosotros mismos[3] o al bien de los demás;[3] pero no por alguna cosa que sea ilícita.[4]

[1] Mateo 6:9, [2] Salmo 51:18, Salmo 122:6, [3] Mateo 7:11, [4] Salmo 125:4, [5] 1 Juan 5:14.

P. 185. ¿Cómo debemos orar?

R. Debemos orar can una aprehensión temerosa de la majestad de Dios,[1] y con un sentimiento profundo de nuestra indignidad,[2] necesidades[3] y pecados;[4] con corazones contritos,[5] agradecidos [6] y ensanchados;[7] con entendimiento[8] fe,[9] sinceridad,[10] fervor,[11] amor[12] y perseverancia,[13] esperando en Él,[14] con sumisión humilde a su voluntad.[15]

[1] Eclesiastés 5:1; [2] Génesis 18:27; Génesis 32:10; [3] Lucas 15:17-19; [4] Lucas 18:13, 14; [5] Salmo 51:17; [6] Filipenses 4:6; [7] 1 Samuel 1:15; 1 Samuel 2:1; [8] 1 Corintios 14:15; [9] Marcos 11:24; Santiago 1:6; [10] Salmo 145:18; Salmo 17:1; [11] Santiago 5:16; [12] 1 Timoteo 2:8; [13] Efesios 6:18; [14] Miqueas 7:7; [15] Mateo 26:39.

P. 186. ¿Qué regla nos ha dado Dios para dirigirnos en el deber de la oración?

R. Toda la palabra de Dios es útil para dirigir nos en el deber de la oración;[1] pero la regla especial para dirigirnos, es aquella forma de oración que Cristo nuestro Salvador enseñó a sus discípulos, comúnmente llamada El Padre Nuestro.[2]

[1] 1 Juan 5:14; [2] Mateo 6:9-13; Lucas 11:2-4.

P. 187. ¿Cómo debe usarse la oración del Señor?

R. La oración del Señor no solamente debe usarse para dirigirnos, como un modelo conforme al cual debamos hacer otras oraciones; sino que puede también usarse como una oración si se hace con entendimiento, fe, reverencia y otras gracias necesarias para el cumplimiento recto del deber de la oración.[1]

[1] Mateo 6:9 compárese con Lucas 11:2.

P. 188. ¿De cuántas partes se compone la oración del Señor?

R. La oración del Señor está compuesta de tres partes: el prefacio, peticiones y conclusión.

P. 189. ¿Qué nos enseña el prefacio de la oración del Señor?

R. El prefacio de la oración del Señor (contenido en estas palabras: Padre nuestro que estás en los cielos),[1] nos enseña que cuando oremos nos acerquemos a Dios con confianza en su bondad paternal y de nuestra participación en ella;[2] con reverencia y todas las demás disposiciones filiales,[3] afectos celestes[4] y aprehensiones debidas de su poder soberano, majestad y condescendencia misericordiosa;[5] como también a orar con otros y por otros.[6]

[1] Mateo 6:9; [2] Lucas 11:13; Romanos 8:15; [3] Isaías 64:9; [4] Salmo 123:1; Lamentaciones 3:41; [5] Isaías 63:15, 16; Nehemías 1:4-6; [6] Hechos 12:5.

P. 190. ¿Qué pedimos en la primera petición?

R. En la primera petición (que dice: Santificado sea tu nombre),[1] reconociendo la profunda incapacidad e indisposición que hay en nosotros y en todos los hombres para honrar a Dios rectamente,[2] pedimos que Dios por su gracia nos capacite como también a nosotros y a los demás para conocerlo, aceptarlo y estimarlo altamente,[3] sus títulos,[4] atributos,[5] ordenanzas, palabra,[6] obras y todas aquellas cosas por las cuales a Él le place darse a conocer;[7] y que podamos glorificarlo en pensamiento, palabra[8] y obra;[9] que Él impida y haga desaparecer el ateismo,[10] la ignorancia,[11] idolatría,[12] impiedad[13] y todo lo que lo deshonra;[14] y que por su providencia que todo lo gobierna, dirija y disponga todas las cosas para su propia gloria.[15]

[1] Mateo 6:9; [2] 2 Corintios 3:5; Salmo 51:15; [3] Salmo 67:2, 3; [4] Salmo 83:18; [5] Salmo 86:10-13, 15; [6] 2 Tesalonicenses 3:1; Salmo 147:19, 20; Salmo 138:1-3; 2 Corintios 2:14, 15; [7] Salmo 145; Salmo 8; [8] Salmo 103:1; Salmo 19:14; [9] Filipenses 1:9, 11; [10] Salmo 67:1-4; [11] Efesios 1:17, 18; [12] Salmo 97:7; [13] Salmo 74:18, 22, 23; [14] 2 Reyes 19:15, 16; [15] 2 Crónicas 20:6, 10-12 ; Salmo 83; Salmo 140:4, 8.

P. 191. ¿Qué pedimos en la segunda petición?

R. En la segunda petición (que dice: Venga tu reino),[1] reconociendo que nosotros y toda la humanidad estamos por naturaleza bajo el dominio del pecado y de Satanás,[2] pedimos que el reino del pecado y de Satanás, sea destruido,[3] y el evangelio sea propagado por todo el mundo,[4] que los judíos sean llamados,[5] y que la plenitud de los gentiles entre;[6] que la iglesia sea dotada de todos los oficiales y ordenanzas del evangelio,[7] purgada de la corrupción,[8] protegida y sostenida por el magistrado civil;[9] que las ordenanzas de Cristo sean administradas con pureza, y sean eficaces para la conversión de aquellos que aún están en sus pecados y para confirmar, confortar y edificar a los ya convertidos;[10] que Cristo gobierne en nuestro corazón aquí,[11] y que apresure su segunda venida y nuestro reinado con Él para siempre;[12] y que a Él le plazca ejercer el reinado de su poder en todo el mundo, según conduzca mejor a estos fines.[13]

[1] Mateo 6:10; [2] Efesios 2:2, 3; [3] Salmo 68:1, 18; Apocalipsis 12:10, 11; [4] 2 Tesalonicenses 3:1; [5] Romanos 10:1; [6] Juan 17:9, 20; Romanos 11:25, 26; Salmo 67; [7] Mateo 9:38; 2 Tesalonicenses 3:1; [8] Malaquías 1:11; Sofonías 3:9; [9] 1 Timoteo 2:1, 2; [10] Hechos 4:29, 30; Efesios 6:18-20; Romanos 15:29, 30, 32; 2 Tesalonicenses 1:11; 2 Tesalonicenses 2:16, 17; [11] Efesios 3:14-20; [12] Apocalipsis 22:20; [13] Isaías 64:1, 2; Apocalipsis 4:8-11.

P. 192. ¿Qué rogamos en la tercera petición?

R. En la tercera petición, (que dice: Sea hecha tu voluntad, como en el cielo, así también en la tierra),[1] reconociendo que por naturaleza nosotros y todos los hombres somos no solamente incapaces y sin voluntad para conocer y hacer lo que Dios quiere,[2] sino inclinados a rebelarnos contra su palabra,[3] a quejarnos y a murmurar contra su providencia,[4] y totalmente inclinados a hacer la voluntad de la carne y del maligno;[5] pedimos que Dios por su Espíritu quite de nosotros y de los demás toda ceguedad,[6] maldad,[7] indisposición,[8] y perversidad de corazón;[9] y por su gracia nos haga capaces y voluntarios para conocer, hacer, y someterse a su voluntad en todas las cosas,[10] con la misma humildad,[11] alegría,[12] fidelidad,[13] diligencia,[14] celo,[15] sinceridad,[16] y constancia,[17] de los ángeles en el cielo.[18]

69

[1] Mateo 6:10; [2] Romanos 7:18; Job 21:14 ; 1 Corintios 2:14; [3] Romanos 8:7; [4] Éxodo 17:7; Números 14:2; [5] Efesios 2:2; [6] Efesios 1:17, 18; [7] Efesios 3:16; [8] Mateo 26:40, 41; [9] Jeremías 31:18, 19; [10] Salmo 119:1, 8, 35, 36; Hechos 21:14; [11] Miqueas 6:8; [12] Salmo 100:2; Job 1:21; 2 Samuel 15:25, 26; [13] Isaías 38:3; [14] Salmo 119:4, 5; [15] Romanos 12:11; [16] Salmo 119:80; [17] Salmo 119:112; [18] Isaías 6:2, 3; Salmo 103:20, 21.

P. 193. ¿Qué pedimos en la cuarta petición?

R. En la cuarta petición (que dice: Danos hoy nuestro pan cotidiano),[1] reconociendo que en Adam, y por nuestro propio pecado hemos perdido el derecho a todas las bendiciones externas de esta vida y merecemos que Dios nos prive totalmente de ellas y tener maldición en el uso de ellas;[2] y que ni ellas por sí mismas son capaces de sustentarnos,[3] ni nosotros las merecemos;[4] ni podemos procurárnoslas por nuestra industria;[5] sino que somos inclinados a desearlas,[6] tomarlas,[7] y usarlas ilícitamente;[8] pedimos para nosotros y los demás, pues, que tanto ellos como nosotros, descansando en la providencia de Dios día tras día en el uso de los medios lícitos, por su don libre, y como a su sabiduría paternal mejor convenga, podamos gozar una porción competente de tales cosas;[9] y tengamos lo mismo continuado y bendecido para nosotros en nuestro uso santo y confortable de ellas,[10] contentamiento de ellas;[11] y ser guardados de todas las cosas que son contrarias a nuestro consuelo y comodidad temporal.[12]

[1] Mateo 6:11; [2] Génesis 2:17; Génesis 3:17; Romanos 8:20-22: Jeremías 5:25; Deuteronomio 28:15-17; [3] Deuteronomio 8:3; [4] Génesis 32:10; [5] Deuteronomio 8:17, 18; [6] Jeremías 6:13; Marcos 7:21, 22; [7] Oseas 12:7; [8] Santiago 4:3; [9] Génesis 43:12-14; Génesis 28:20; Efesios 4:28; 2 Tesalonicenses 3:11, 12; Filipenses 4:6; [10] 1 Timoteo 4:3-5; [11] 1 Timoteo 6:6-8; [12] Proverbios 30:8, 9.

P. 194. ¿Qué rogamos en la quinta petición?

R. En la quinta petición, (que dice: Perdónanos nuestras deudas, como también nosotros perdonamos a nuestros deudores), [1] reconociendo que nosotros y todos los demás somos culpables tanto del pecado original como del actual y por lo mismo deudores a la justicia de Dios; y que ni nosotros ni las otras criaturas pueden dar la más mínima satisfacción por esta deuda;[2] pedimos para nosotros y para los demás, que Dios por su libre gracia, quiera, por la obediencia y satisfacción de Cristo recibida y aplicada por la fe, libertarnos tanto de la culpa como del castigo del pecado;[3] nos acepte en su Amado;[4] continúe en su gracia y favor para con nosotros,[5] perdone nuestras caídas diarias,[6] y nos llene de paz y gozo, al darnos diariamente más y más seguridad de perdón;[7] a lo que somos más alentados a pedir, y animados a esperar, cuando tenemos el testimonio en nosotros de que hemos perdonado de corazón a los demás sus ofensas.[8]

[1] Éxodo 6:12; [2] Romanos 3:9-22; Mateo 18:24, 25; Salmo 130:3, 4; [3] Romanos 3:24-26; Hebreos 9:22; [4] Efesios 1:6, 7; [5] 2 Pedro 1:2: [6] Oseas 14:2; Jeremías 14:7; [7] Romanos 15:13; Salmo 51:7-12; [8] Lucas 11:4; Mateo 6:14, 15; Mateo 18:35.

P. 195. ¿Qué pedimos en la sexta petición?

R. En la sexta petición (que dice: No nos metas en tentación, mas líbranos del mal),[1] reconociendo que el Dios sabio, justo y misericordioso, por diversos fines justos y santos, puede ordenar las cosas de tal manera que podamos ser asaltados, reducidos y por un tiempo tenidos cautivos por las tentaciones;[3] que Satanás,[4] el mundo[5] y la carne, están prontos poderosamente para desviarnos y hacernos caer;[6] y que nosotros, aun después del perdón de nuestros pecados por razón de nuestra corrupción,[7] debilidad y falta de vigilancia,[8] no sólo estamos expuestos a ser tentados, y prontos a exponernos a las tentaciones,[9] sino también somos incapaces y sin voluntad para resistirlas, libertamos o aprovecharnos de ellas;[10] y dignos de ser abandonados en poder de ellas;[11] pedimos que Dios quiera gobernar al mundo y todo lo que hay en éste, subyugar la carne,[12] restringir a Satanás,[13] ordenar todas las cosas[14] otorgar y bendecir todos los medios de gracia,[15] y vivificarnos para ser vigilantes en el uso de ellos, para que nosotros y todo su pueblo por su providencia seamos guardados de ser tentados a pecar;[16] o que si somos tentados, que por su Espíritu seamos sostenidos y capacitados poderosamente para estar firmes a la hora de la tentación;[17] o que si caemos, que nos levantemos y quedemos libres de ellas,[18] y tengamos un uso y provecho santo de las mismas;[19] que nuestra santificación y salvación sean perfeccionadas,[20] Satanás sea puesto bajo nuestros pies[21] y seamos enteramente libertados del pecado, tentación y todo mal para siempre.[22]

[1] Mateo 6:13; [2] 2 Crónicas 32:31; [3] 1 Crónicas 21:1; [4] Lucas 21:34; Marcos 4:19; [5] Santiago 1:14; [6] Gálatas 5:17; [7] Mateo 26:41; [8] Mateo 26:69-72; Gálatas 2:11-14; 2 Crónicas 18:3 compárese con 2 Crónicas 19:2; [9] Romanos 7:23, 24; 1 Crónicas 21:1-4; 2 Crónicas 16:7-10; [10] Salmo 81:11, 12; [11] Juan 17:15; [12] Salmo 51:10; Salmo 119:133; [13] 2 Corintios 12:7, 8; [14] 1 Corintios 10:12, 13; [15] Hebreos 13:20, 21; [16] Mateo 26:41; Salmo 19:13; [17] Efesios 3:14-17; 1 Tesalonicenses 3:13; Judas 24; [18] Salmo 51:12; [19] 1 Pedro 5:8-10; [20] 2 Corintios 13:7, 9; [21] Romanos 16:20; Lucas 22:31, 32; [22] Juan 17:15; 1 Tesalonicenses 5:23.

P. 196. ¿Qué nos enseña el final de la oración del Señor?

R. El final de la oración del Señor, (que dice: Porque tuyo es el reino y la potencia y la gloria, por todos los siglos. Amén),[1] nos enseña a corroborar nuestras peticiones con argumentos[2] que son tomados, no de algo digno que haya en nosotros o en otra criatura, sino de Dios;[3] y a unir a nuestras oraciones alabanzas,[4] atribuyendo a Dios solamente la soberanía eterna, la omnipotencia y la excelencia gloriosa;[5] conforme a las cuales Él puede y quiere ayudarnos,[6] por lo que por la fe somos animados a suplicarle que quiera,[7] y esperar quietamente que Él querrá, cumplir nuestras peticiones.[8] Y para atestiguar éste nuestro deseo y seguridad, decimos, Amén.[9]

[1] Mateo 6:1; [2] Romanos15:30; [3] Daniel 9:4, 7-9, 16-19; [4] Filipenses 4:6; [5] 1 Crónicas 29:10-13; [6] Efesios 3:20, 21; Lucas 11:13; [7] 2 Crónicas 20:6, 11; [8] 2 Crónicas 14:11; [9] 1 Corintios 14:16; Apocalipsis 22:20-21.

Catecismo Mayor y Menor

de WESTMINTER

Catecismo Menor

Acordado por la Asamblea de Teólogos en Westminster, con la
asistencia de los delegados de la Iglesia de Escocia, como parte de
la uniformidad pactada y establecida en religión entre las iglesias
de Cristo en los reinos de Escocia, Inglaterra e Irlanda.
Aprobado por la Asamblea General de la Iglesia de Escocia, en
1648, para ser un Directorio para catequizar a los que son de débil
capacidad. Con pruebas de las Escrituras.
Asamblea en Edimburgo, 28 julio 1648. Sesión 19.
Acto aprobando el Catecismo Menor.
La Asamblea General considerando seriamente el Catecismo
Menor concordado por la Asamblea de Teólogos juntándose en
Westminster, con la ayuda de los Delegados de esta Iglesia;
encuentra, en examinándolo, que el dicho Catecismo es agradable
a la Palabra de Dios, y en nada contrario a la doctrina recibida, en
nada contrario a la adoración pública de Dios, en nada contrario
de la disciplina y en nada contrario del gobierno de esta Iglesia: Y
así pues aprueba el dicho Catecismo Menor, como una parte de la
uniformidad propuesta, para ser una guía para catequizar tales
que son de débil capacidad.

CATECISMO MENOR DE WESTMINSTER

P. 1. ¿Cuál es el fin principal del hombre?

R. El fin principal del hombre es el de glorificar a Dios, (1) y gozar de Él para siempre. (2)

(1) Sal. 86; Is. 60:21; Rom. 11:36; I Cor. 6:20; I Cor. 10:31; Apo. 4:11.
(2) Sal. 16:5-11; Sal. 144:15; Isa. 12:2; Luc. 2:10; Flp. 4:4; Apo. 21:3-4.

P. 2. ¿Qué regla ha dado Dios para enseñarnos cómo hemos de glorificarlo y gozar de Él?

R. La Palabra de Dios que se contiene en las Escrituras del Antiguo y del Nuevo Testamento, (1) es la única regla que ha dado Dios para enseñarnos cómo hemos de glorificarlo y gozar de Él. (2)

(1) Mat. 19:4-5 con Gen. 2:24; Lu. 24:27,44; I Cor. 2:13; I Cor. 14:37; II Pe. 1:20-21; II Pe. 3:2,15-16;
(2) Deut. 4:2; Sal. 19:7-11; Isa. 8:20; Juan 15:11; Juan 20:30-31; Hch. 17:11; II Tim. 3:15-17; I Juan 1:4.

P. 3. ¿Qué es lo que principalmente enseñan las Escrituras?

R. Lo que principalmente enseñan las Escrituras es lo que el hombre ha de creer con respecto a Dios (1) y los deberes que Dios impone al hombre. (2)

(1) Gen. 1:1; Juan 20:31; Rom. 10:17; II Tim. 3:15;
(2) Deut. 10:12-13; Jos. 1:8; Sal. 119:105; Miq. 6:8; II Tim. 3:16-17.

P. 4. ¿Qué es Dios?

R. Dios es un Espíritu, (1) infinito, (2) eterno (3) e inmutable (4) en su ser, (5) sabiduría, (6) poder, (7) santidad, (8) justicia, (9) bondad (10) y verdad. (11)

(1) Deut. 4:15-19; Luc. 24:39; Juan 1:18; Juan 4:24; Hch. 17:29.
(2) I Re. 8:27; Sal. 139:7-10; Sal. 145:3; Sal. 147:5; Jer. 23:24; Rom. 11:33-36;
(3) Deut. 33:27; Sal. 90:2; Sal. 102:12,24-27; Apo. 1:4, 8;
(4) Sal. 33:11; Mal. 3:6; Heb. 1:12; Heb. 6:17-18; Heb. 13:8; Sant. 1:17;
(5) Ex. 3:14; I Tim. 1:17; I Tim. 6:15-16;
(6) Sal. 104:24; Rom. 11:33-34; Heb. 4:13; I Juan 3:20;
(7) Gen. 17:1; Sal. 62:11; Jer. 32:17; Mat. 19:26; Apo. 1:8;
(8) Heb. 1:13; I Pe. 1:15-16; I Juan 3:3,5; Apo. 15:4;
(9) Gen. 18:25; Ex. 34:6-7; Deut. 32:4; Rom. 3:5, 26;
(10) Sal. 103:5 ; Sal. 107:8; Mat. 19:7 ; Rom. 2:4;
(11) Ex. 34:6 ; Deut. 32:4 ; Sal. 117:2 ; Heb. 6:18;

P. 5. ¿Hay más de un Dios?

R. No hay sino uno solo,(18) el Dios vivo y verdadero.(19)

(18) Deut. 6:4. Isa. 44:6. Isa. 45:21-22. 1 Cor. 8:4-6.
(19) Jer. 10:10. Juan 17:3. 1 Tes. 1:9. 1 Juan 5:20.

P. 6. ¿Cuántas personas hay en la Divinidad?

R. Hay tres personas en la Divinidad: el Padre, el Hijo y el Espíritu Santo; (20) y estas tres personas son un solo Dios, las mismas en sustancia, e iguales en poder y gloria. (21)

(20) Mat. 3:16-17; Mat. 28:19; 2 Cor. 13:14; 1 Pe. 1:2.
(21) Sal. 45:6 ; Juan 1:1; Juan 17:5; Hch. 5:3-4; Rom. 9:5; Col. 2:9; Judas 1:24-25.

P. 7. ¿Qué son los decretos de Dios?

R. Los decretos de Dios son su propósito eterno, según el consejo de su propia voluntad, en virtud del cual Él ha preordenado, para su propia gloría, todo lo que sucede. (22)

(22) Sal. 33:11; Isa. 14:24; Hch. 2:23; Ef. 1:11-12.

P. 8. ¿Cómo ejecuta Dios sus decretos?

R. Dios ejecuta sus decretos en las obras de Creación y de Providencia. (23)

(23) Sal. 148:8; Isa. 40:26; Dan. 4:35; Hch. 4:24-28; Apo. 4:11.

P. 9. ¿Qué es la obra de Creación?

R. La obra de Creación consiste en que Dios ha hecho todas las cosas de la nada, (24) por su poderosa Palabra, en el espacio de seis días, y todas muy buenas. (25)

(24) Gen. 1:1; Sal. 33:6,9; Heb. 11:3.
(25) Gen. 1:31.

P. 10. ¿Cómo creó Dios al hombre?

R. Dios creó al hombre, varón y hembra, según su propia imagen, (26) en ciencia, (27) justicia y santidad, (28) con dominio sobre todas las criaturas. (29)

(26) Gen. 1:27.
(27) Col. 3:10.
(28) Ef. 4:24.
(29) Gen. 1:28; Sal. 8.

P. 11. ¿Cuáles son las obras de Providencia de Dios?

R. Las obras de Providencia de Dios son su muy santa, (30) sabia, (31) y poderosa (32) preservación (33) y gobierno (34) de todas sus criaturas, y todas las acciones de éstas. (35)

(30) Sal. 145:17.
(31) Sal. 104:24.
(32) Heb. 1:3.
(33) Neh. 9:6.
(34) Ef. 1:19-22.
(35) Sal. 36:6; Prov. 16:33; Mat. 10:30.

P. 12. ¿Qué acto particular de Providencia ejecutó Dios con respecto al hombre en el estado en el que éste fue creado?

R. Cuando Dios creó al hombre, hizo con él una alianza de vida bajo la condición de perfecta obediencia; vedándole a comer del árbol de la ciencia del bien y del mal, so pena de muerte. (36)

(36) Gen. 2:16-17; Sant. 2:10.

P. 13. ¿Permanecieron nuestros primeros padres en el estado en que fueron creados?

R. Nuestros primeros padres, dejados a su libre albedrío, cayeron del estado en que fueron creados, pecando contra Dios. (37)

(37) Gen. 3:6-8,13; II Cor. 11:3.

P. 14. ¿Qué es el pecado?

R. El pecado es la falta de conformidad con la ley de Dios, o la transgresión de la misma. (38)

(38) Lev. 5:17; Sant. 4:17; I Juan 3:4.

P. 15. ¿Cuál fue el pecado por cuya causa nuestros primeros padres cayeron del estado en que fueron creados?

R. El pecado por cuya causa nuestros primeros padres cayeron del estado en que fueron creados fue el comer del fruto prohibido. (39)

(39) Gn. 3:6.

P. 16. ¿Cayó todo el género humano en la primera transgresión?

R. Habiéndose hecho la alianza con Adam, (40) no para él sólo, sino también para su posteridad, todo el género humano, descendiendo de él según la generación ordinaria, pecó en él y cayó con él en su primera transgresión. (41)

(40) Gen. 2:16-17; Sant. 2:10.
(41) Rom. 5:12-21. I Cor. 15:22.

P. 17. ¿A qué estado redujo la caída al hombre?

R. La caída redujo al hombre a un estado de pecado y de miseria. (42)

(42) Gen. 3:16-19,23; Rom. 3:16; Rom. 5:12; Ef. 2:1.

P. 18. ¿En qué consiste lo pecaminoso del estado en que cayó el hombre?

R. Lo pecaminoso del estado en que cayó el hombre consiste en la culpabilidad del primer pecado de Adam, (43) la falta de justicia original, (44) y la depravación de toda su naturaleza, (45) llamada comúnmente pecado original, con todas las transgresiones actuales que de ella proceden. (46)

(43) Gen. 6:5; Sal. 53:1-3; Mat. 15:19; Rom. 3:10-18,23; Gal. 5:19-21; Sant. 1:14-15.
(44) Rom. 3:10; Col. 3:10; Ef. 4:24.
(45) Sal. 51:5; Juan 3:6; Rom. 3:18; Rom. 8:7-8; Ef. 2:3.
(46) Gen. 6:5; Sal. 53:1-3; Mat. 15:19; Rom. 3:10-18, 23; Gal. 5:19-21; Sant. 1:14-15.

P. 19. ¿En qué consiste la miseria del estado en que cayó el hombre?

R. Todo el género humano por su caída perdió la comunión con Dios, (47) está bajo su ira

(48) y maldición, (49) y sujeto a todas las miserias de esta vida, (50) a la muerte misma, (51) y a las penas del infierno para siempre. (52)

(47) Gen. 3:8,24; Juan 8:34,42,44; Ef. 2:12; Ef. 4:18.
(48) Juan 3:36; Rom. 1:18; Ef. 2:3; Ef. 5:6.
(49) Gal. 3:10; Apo. 22:3.
(50) Gen. 3:16-19; Job 5:7; Ecles. 2:22-23; Rom. 8:18-23.
(51) Ez. 18:4; Rom. 5:12; Rom. 6:23.
(52) Mat. 25:41, 46; II Tes. 1:9; Apo. 14:9-11.

P. 20. ¿Dejó Dios a todo el género humano perecer en su estado de pecado y de miseria?

R. Habiendo Dios, de su propia soberana voluntad, desde toda eternidad, elegido a los que han de gozar de la vida eterna, (53) entró en una alianza de gracia para libertarlos de su estado de pecado y de miseria, y llevarlos a un estado de salvación, por medio de un Redentor. (54)

(53) Hch. 13:48; Ef. 1:4-5; II Tes. 2:13-14.
(54) Gen. 3:15; Gen. 17:7; Ex. 19:5-6; Jer. 31:31-34.

P. 21. ¿Quién es el Redentor de los elegidos de Dios?

R. El único Redentor de los elegidos de Dios es el Señor Jesucristo, (55) quien, siendo el Hijo eterno de Dios, (56) se hizo hombre; (57) y así era y siguió siendo, Dios y hombre en dos naturalezas distintas, y una sola persona, para siempre. (58)

(55) Juan 14:6; Hch. 4:12; I Tim. 2:5-6.
(56) Sal. 2:7; Mat. 3:17; Mat. 17:5; Juan 1:18.
(57) Isa. 9:6; Mat. 1:23; Juan 1:14; Gal. 4:4.
(58) Hch. 1:11; Heb. 7:24-25.

P. 22. ¿Cómo se hizo Cristo hombre, siendo como era Hijo de Dios?

R. Cristo, el Hijo de Dios, se hizo hombre, al tomar para sí un cuerpo verdadero, y una alma racional; (59) siendo concebido por el poder del Espíritu Santo en el vientre de la Virgen María, y nacido de ella, (60) mas sin pecado. (61)

(59) Flp. 2:7; Heb. 2:14,17.
(60) Luc. 1:27,31,35.
(61) II Cor. 5:21; Heb. 4:15; Heb. 7:26; I Juan 3:5.

P. 23. ¿Qué oficios ejecuta Cristo como Redentor nuestro?

R. Cristo, como Redentor nuestro, ejecuta los oficios de Profeta, (62) de Sacerdote (63) y de Rey, (64) tanto en su estado de humillación como en el de exaltación.

(62) Deut. 18:18; Hch. 2:33; Hch. 3:22-23; Heb. 1:1-2.
(63) Heb. 4:14-15; Heb. 5:5-6.
(64) Isa. 9:6-7; Luc. 1:32-33; Juan 18:37; I Cor. 15:25.

P. 24. ¿Cómo ejecuta Cristo el oficio de Profeta?

R. Cristo ejecuta el oficio de Profeta, revelándonos, por su Palabra (65) y Espíritu, (66) la voluntad de Dios para nuestra salvación. (67)

(65) Luc. 4:18-19,21; Hch. 1:1-2; Heb. 2:3.
(66) Juan 15:26-27; Hch. 1:8; 1 Pe. 1:11.
(67) Juan 4:41-42; Juan 20:30-31.

P. 25. ¿Cómo ejecuta Cristo el oficio de Sacerdote?
R. Cristo ejecuta el oficio de Sacerdote habiéndose ofrecido a sí mismo, una sola vez, en sacrificio para satisfacer las demandas de la justicia divina, (68) y reconciliarnos con Dios, (69) y haciendo continua intercesión por nosotros. (70)

(68) Isa. 53; Hch. 8:32-35; Heb. 9:26-28; Heb. 10:12.
(69) Rom. 5:10-11; II Cor. 5:18; Col. 1:21-22.
(70) Rom. 8:34; Heb. 7:25; Heb. 9:24.

P. 26. ¿Cómo ejecuta Cristo el oficio de Rey?
R. Cristo ejercita el oficio de Rey, sujetándonos a sí mismo, gobernándonos y defendiéndonos, (71) y restringiendo y venciendo a todos sus enemigos y los nuestros. (72)

(71) Sal. 110:3; Mat. 28:18-20; Juan 17:2; Col. 1:13.
(72) Sal. 2:6-9; Sal. 110:1-2; Mat. 12:28; I Cor. 15:24-26; Col. 2:15.

P. 27. ¿En qué consistió la humillación de Cristo?
R. La humillación de Cristo consistió en haber nacido, y esto, en una baja condición, (73) sujeto a la ley, (74) sufriendo las miserias de esta vida, (75) la ira de Dios (76) y la muerte maldita de la cruz; (77) en haber sido sepultado y en haber permanecido bajo el dominio de la muerte por algún tiempo. (78)

(73) Luc. 2:7; II Cor. 8:9; Gal. 4:4.
(74) Gal. 4:4.
(75) Isa. 53:3; Luc. 9:58; Juan 4:6; Juan 11:35; Heb. 2:18.
(76) Sal. 22:1; Mat. 27:46; Isa. 53:10; I Juan 2:2.
(77) Gal. 3:13; Flp. 2:8.
(78) Mat. 12:40; I Cor. 15:3-4.

P. 28. ¿En qué consiste la exaltación de Cristo?
R. La exaltación de Cristo consiste en su resurrección de entre los muertos al tercer día, (79) en haber ascendido al cielo, (80) en estar sentado a la diestra de Dios Padre, (81) y en venir a juzgar al mundo en el último día. (82)

(79) I Cor. 15:4.
(80) Sal. 68:18; Hch. 1:11; Ef. 4:8.
(81) Sal. 110:1; Hch. 2:33-34; Heb. 1:3.
(82) Mat. 16:27; Hch. 17:31.

P. 29. ¿Cómo somos hechos partícipes de la redención comprada por Cristo?
R. Somos hechos partícipes de la redención comprada por Cristo, por la aplicación eficaz que de ella nos hace el Espíritu Santo. (83)

(83) Tito 3:4-7.

P. 30. ¿Cómo nos aplica el Espíritu Santo la redención comprada por Cristo?

R. El Espíritu Santo nos aplica la redención comprada por Cristo, obrando fe en nosotros, (84) y uniéndonos así a Cristo por nuestro llamamiento eficaz. (85)

(84) Rom. 10:17; I Cor. 2:12-16; Ef. 2:8; Flp. 1:29.
(85) Juan 15:5; I Cor. 1:9; Ef. 3:17.

P. 31. ¿Qué es el llamamiento eficaz?

R. El llamamiento eficaz es la obra del Espíritu de Dios por la cual, convenciéndonos de nuestro pecado y de nuestra miseria, iluminando nuestras mentes con el conocimiento de Cristo, (86) y renovando nuestras voluntades, (87) nos persuade para que abracemos a Cristo, (88) que nos ha sido ofrecido libremente en el evangelio, y nos hace capaces de hacerlo. (89)

(86) Hch. 26:18; I Cor. 2:10, 12; II Cor. 4:6; Ef. 1:17-18.
(87) Deut. 30:6; Eze. 36:26-27; Juan 3:5; Tito 3:5.
(88) Juan 6:44-45; Hch. 16:14.
(89) Isa. 45:22; Mat. 11:28-30; Apo. 22:17.

P. 32. ¿De qué beneficio participan en esta vida los que son eficazmente llamados?

R. Los que son eficazmente llamados participan en esta vida de la justificación, la adopción y la santificación, y de los varios beneficios que en esta vida acompañan a éstos, o se derivan de ellos. (90)

(90) Rom. 8:30; I Cor. 1:30; I Cor. 6:11; Ef. 1:5.

P. 33. ¿Qué es la justificación?

R. La justificación es un acto de la libre gracia de Dios, (91) por el cual Él perdona todos nuestros pecados, (92) y nos acepta como justos delante de Él, (93) solamente en virtud de la justicia de Cristo imputada a nosotros, (94) y recibida sólo por la fe. (95)

(91) Rom. 3:24.
(92) Rom. 4:6-8; II Cor. 5:19.
(93) II Cor. 5:21.
(94) Rom. 4:6, 11; Rom. 5:19.
(95) Gal. 2:16; Flp. 3:9.

P. 34. ¿Qué es la adopción?

R. La adopción es un acto de la libre gracia de Dios, por el cual somos recibidos en el número de los hijos de Dios, y tenemos derecho a todos sus privilegios. (96)

(96) I Juan 3:1.

P. 35 ¿Qué es la santificación?
R. La santificación es la obra de la libre gracia de Dios, (97) por la cual somos restablecidos en todo nuestro ser a la imagen de Dios, (98) y puestos en capacidad de morir más y más al pecado, y de vivir para la justicia. (99)

(97) Ez. 36:27; Flp. 2:13; II Tes. 2:13.
(98) II Cor. 5:17; Ef. 4:23-24; I Tes. 5:23.
(99) Ez. 36:25-27; Rom. 6:4, 6, 12-14; I Cor. 7:1; I Pe. 2:24.

P. 36. ¿Cuáles son los beneficios que en esta vida acompañan a la justificación, la adopción y la santificación, o que se derivan de ellas?

R. Los beneficios que en esta vida acompañan a la justificación, la adopción y la santificación, o que se derivan de ellas, son la seguridad del amor de Dios, (100) la paz de conciencia, (101) el gozo en el Espíritu Santo, (102) el crecimiento en gracia, (103) y la perseverancia en ella hasta el fin. (104)

(100) Rom. 5:5.
(101) Rom. 5:1.
(102) Rom. 14:17.
(103) II Pe. 3:18.
(104) Flp. 1:6; I Pe. 1:5.

P. 37. ¿Qué beneficios reciben de Cristo los creyentes después de la muerte?

R. Las almas de los creyentes son hechas después de la muerte perfectas en santidad, (105) y pasan inmediatamente a la gloria; (106) y sus cuerpos, estando todavía unidos a Cristo, (107) reposan en sus tumbas, hasta la resurrección. (108)

(105) Heb. 12:23.
(106) Luc. 23:43; II Cor. 5:6, 8; Flp. 1:23.
(107) I Tes. 4:14.
(108) Dan. 12:2; Juan 5:28-29; Hch. 24:15.

P. 38. ¿Qué beneficios reciben de Cristo los creyentes después de la resurrección?

R. En la resurrección, los creyentes, levantándose en gloria, (109) serán públicamente reconocidos y absueltos en el día del juicio, (110) y entrarán en una perfecta bienaventuranza en el pleno goce de Dios (111) por toda la eternidad. (112)

(109) I Cor. 15:42-43.
(110) Mat. 25:33-34,46.
(111) Rom. 8:29; I Juan 3:2.
(112) Sal. 16:11; I Tes. 4:17.

P. 39. ¿Cuál es el deber que Dios exige al hombre?

R. El deber que Dios exige al hombre es la obediencia a su voluntad revelada. (113)

(113) Deut. 29:29; Miq. 6:8; I Juan 5:2-3.

P. 40. ¿Cuál fue la primera regla que Dios reveló al hombre como guía de obediencia?

R. La primera regla que Dios reveló al hombre como guía de obediencia, fue la ley moral. (114)

(114) Rom. 2:14,15; Rom. 10:5.

P. 41. ¿En qué se halla comprendida sumariamente la ley moral?

R. La ley moral se halla comprendida sumariamente en los Diez Mandamientos. (115)

(115) Deut. 4:13; Mat. 19:17-19.

P. 42. ¿Cuál es el resumen de los Diez Mandamientos?

R. El resumen de los Diez Mandamientos es: Amar al Señor nuestro Dios de todo nuestro corazón, de toda nuestra alma, de todas nuestras fuerzas y de todo nuestro entendimiento; y a nuestro prójimo como a nosotros mismos. (116)

(116) Mat. 22:37-40.

P. 43. ¿Cuál es el prefacio de los Diez Mandamientos?

R. El prefacio de los Diez Mandamientos es: "Yo soy Jehová tu Dios que te saqué de la tierra de Egipto, de casa de siervos." (117)

(117) Ex. 20:2; Deut. 5:6.

P. 44. ¿Qué nos enseña el prefacio de los Diez Mandamientos?

R. El prefacio de los Diez Mandamientos nos enseña que, puesto que Dios es el Señor, y nuestro Dios y Redentor, estamos obligados a guardar todos sus mandamientos. (118)

(118) Luc. 1:74-75; I Pe. 1:14-19.

P. 45. ¿Cuál es el primer mandamiento?

R. El primer mandamiento es: "No tendrás dioses ajenos delante de mí." (119)

(119) Ex. 20:3; Deut. 5:7.

P. 46 ¿Qué demanda el primer mandamiento?

R. El primer mandamiento demanda que conozcamos y confesemos a Dios como nuestro único y verdadero Dios, y que en consecuencia, lo adoremos y lo glorifiquemos. (120)

(120) I Cro. 28:29; Isa. 45:20-25; Mat. 4:10.

P. 47. ¿Qué se prohíbe en el primer mandamiento?

R. El primer mandamiento nos prohíbe que neguemos, (121) no adoremos o no glorifiquemos, al Dios verdadero como Dios, (122) y nuestro Dios; (123) y que demos esta adoración y gloria a cualquier otro, las cuales sólo a Él son debidas. (124)

(121) Sal. 14:1.
(122) Rom. 1:20-21.
(123) Sal. 81:10,11.
(124) Eze. 8:16-18; Rom. 1:25.

P. 48. ¿Qué cosa especial se nos enseña con estas palabras "delante de mí", contenidas en el primer mandamiento?

R. En estas palabras, "delante de mí", contenidas en el primer mandamiento, se nos enseña que Dios, que todo lo ve, se percibe del pecado de rendir culto a cualquier otro dios, y se ofende de ello. (125)

(125) Deut. 30:17-18; Sal. 44:20-21; Eze. 8:12.

P. 49. ¿Cuál es el segundo mandamiento?

R. El segundo mandamiento, es: "No te harás imagen, ni ninguna semejanza de cosa que esté arriba en el cielo, ni abajo en la tierra, ni en las aguas debajo de la tierra; no te inclinarás a ellas, ni las honrarás; porque yo soy Jehová tu Dios, fuerte, celoso, que visito la maldad de los padres sobre los hijos, hasta la tercera y cuarta generación de los que me aborrecen, y que hago misericordia a millares a los que me aman, y guardan mis mandamientos."

(126) Ex. 20:4-6; Deut. 5:8-10.

P. 50. ¿Qué demanda el segundo mandamiento?

R. En el segundo mandamiento demanda que se reciban, observen y guarden puros y completos, todos los actos de culto y las ordenanzas de la manera como Dios ha establecido en su Palabra.

(127) Deut. 12:32; Mat. 28:20.

P. 51. ¿Qué se prohíbe en el segundo mandamiento?

R. El segundo mandamiento prohíbe que rindamos culto a Dios por medio de imágenes, (128) o por cualquier otro medio que no esté autorizado por su Palabra. (129)

(128) Deut. 5: 15-19; Rom. 1:22,23.
(129) Lev. 10:1-2; Jer. 19:4-5; Col. 2:18-23.

P. 52. ¿Cuáles son las razones añadidas al segundo mandamiento?

R. Las razones añadidas al segundo mandamiento, son: la soberanía de Dios sobre nosotros, (130) que le pertenecemos, (131) y el celo que Él tiene por su propio culto. (132)

(130) Sal. 95:2-3, 6-7; Sal. 96:9-10.
(131) Ex. 19:5; Sal. 45:11; Isa. 54:5.
(132) Ex. 34:14; I Cor. 10:22.

P. 53. ¿Cuál es el tercer mandamiento?

R. El tercer mandamiento es: "No tomaras el nombre de Jehová tu Dios en vano; porque no dará por inocente Jehová al que tomare su nombre en vano." (133)

(133) Ex. 20:7; Deut. 5:11.

P. 54. ¿Qué demanda el tercer mandamiento?

R. El tercer mandamiento demanda el usar santa y reverentemente los nombres, los títulos, (134) los atributos, (135) las ordenanzas, (136) la Palabra (137) y las obras de Dios. (138)

(134) Deut. 10:20; Sal. 29:2; Mat. 6:9.
(135) I Cro. 29:10-13; Apo. 15:3-4.
(136) Hch. 2:42; I Cor. 11:27-28.
(137) Sal. 138:2; Apo. 22:18-19.
(138) Sal. 107:21-22; Apo. 4:11.

P. 55. ¿Qué prohíbe el tercer mandamiento?
R. El tercer mandamiento prohíbe toda profanación o abuso de cualquier cosa por la cual Dios se da a conocer. (139)

(139) Lev. 19:12; Mat. 5:33-37; Sant. 5:12.

P. 56. ¿Cuál es la razón añadida al tercer mandamiento?
R. La razón añadida al tercer mandamiento es, que por más que los infractores de este mandamiento eviten el castigo humano, el Señor nuestro Dios no los dejará escapar de su justo juicio. (140)

(140) Deut. 28:58-59; I Sam. 3:13; I Sam. 4:11.

P. 57. ¿Cuál es el cuarto Mandamiento?
R. El cuarto mandamiento, es: "Acordarte has del día de reposo para santificarlo. Seis días trabajarás y harás toda tu obra; mas el séptimo día será reposo para Jehová tu Dios; no hagas en él obra alguna; tú, ni tu hijo, ni tu hija, ni tu siervo, ni tu criada, ni tu bestia, ni tu extranjero que está dentro de tus puertas; porque en seis días hizo Jehová los cielos y la tierra, la mar y todas las cosas que en ellos hay, y reposó en el séptimo día; por tanto Jehová bendijo el día del reposo y lo santificó." (141)

(141) Ex. 20 :8-11; Deut. 5:12-15.

P. 58. ¿Qué demanda el cuarto mandamiento?
R. El cuarto mandamiento demanda que se guarden santas para Dios todas las ocasiones que Él ha señalado en su palabra, y especialmente un día entero en cada siete, como un reposo santo para Él. (142)

(142) Ex. 31:13, 16-17.

P. 59. ¿Cuál día de los siete ha señalado Dios para el descanso semanal?
R. Desde la creación del mundo hasta la resurrección de Cristo, Dios señaló el séptimo día de la semana para ser el reposo semanal; (143) mas desde entonces, y hasta el fin del mundo, ha señalado el primer día de la semana el cual es el reposo cristiano. (144)

(143) Gen. 2:2-3; Ex. 20:11.
(144) Marc. 2:27-28; I Cor. 16:2; Apo. 1:10.

P. 60. ¿Cómo ha de santificarse el día de reposo?
R. Hemos de santificar el día de reposo absteniéndonos en todo este día, aun de aquellos empleos o recreaciones mundanos que son lícitos en los demás días; (145) y ocupando todo el tiempo en los ejercicios públicos y privados de culto de Dios, (146) salvo aquella parte que se emplee en hacer obras de necesidad o de misericordia. (147)

(145) Ex. 20:10; Neh. 13:15-22; Isa. 58:13-14..
(146) Ex. 20:8; Lev. 23:3; Luc. 4:16; Hch. 20:7.
(147) Mat. 12:1-13.

P. 61. ¿Qué se prohíbe en el cuarto mandamiento?

R. El cuarto mandamiento prohíbe la omisión, o cumplimiento negligente, de los deberes exigidos; y la profanación del día por la ociosidad, o por hacer lo que es en sí pecaminoso, o por innecesarios pensamientos, palabras u obras acerca de nuestros empleos o recreaciones mundanas. (148)

(148) Neh. 13:15-22; Isa. 58:13-14; Amos 8:4-6.

P. 62. ¿Cuáles son las razones añadidas al cuarto mandamiento?

R. Las razones determinantes del cuarto mandamiento, son: el habernos concedido Dios seis días de la semana para nuestras propias ocupaciones, (149) el haberse reservado para sí mismo una propiedad especial sobre el séptimo, su propio ejemplo, y que haya bendecido el día de descanso. (150)

(149) Ex. 20:9; Ex. 31:15; Lev. 23:3.
(150) Gen. 2:2-3; Ex. 20:11; Ex. 31:17.

P. 63. ¿Cuál es el quinto mandamiento?

R. El quinto mandamiento, es: "Honra a tu padre y a tu madre, para que tus días se alarguen en la tierra que Jehová tu Dios te da." (151)

(151) Ex. 20:12; Deut. 5:16.

P. 64. ¿Qué demanda el quinto mandamiento?

R. El quinto mandamiento demanda la preservación del honor, y el cumplimiento de las obligaciones, que corresponden a cada uno en sus respectivos puestos o relaciones, como superiores, inferiores o iguales. (152)

(152) Rom. 13:1, 7; Ef. 5:21-22, 24; Ef. 6:1, 4-5, 9; I Pe. 2:17.

P. 65. ¿Qué se prohíbe en el quinto mandamiento?

R. El quinto mandamiento prohíbe el descuido del honor o el servicio que corresponde a cada uno en el puesto o relación que ocupa, o actuar en contra de ellos. (153)

(153) Mat. 15:4-6; Rom. 13:8.

P. 66. ¿Cuál es la razón añadida al quinto mandamiento?

R. La razón añadida al quinto mandamiento es la promesa de larga vida y de prosperidad, (en la medida que sirva para la gloria de Dios y su propio bien), hecha a todos los que guarden este mandamiento. (154)

(154) Ex. 20:12; Deut. 5:16; Ef. 6:2-3.

P. 67. ¿Cuál es el sexto mandamiento?

R. El sexto mandamiento es: "No matarás." (155)

(155) Ex. 20:13; Deut. 5:17.

P. 68. ¿Qué demanda el sexto mandamiento?

R. El sexto mandamiento demanda el cumplimiento de todos los esfuerzos legítimos para preservar nuestra propia vida, y la de otros. (156)

(156) Ef. 5:28,29.

P. 69. ¿Qué se prohíbe en el sexto mandamiento?

R. El sexto mandamiento prohíbe el destruir nuestra propia vida, o el quitar injustamente la de nuestro prójimo, así como también todo lo que tiende a este resultado. (157)

(157) Gen. 9:6; Mat. 5:22; 1 Juan 3:15.

P. 70. ¿Cuál es el séptimo mandamiento?

R. El séptimo mandamiento es "No cometerás adulterio." (158)

(158) Ex. 20:14; Deut. 5:18.

P. 71. ¿Qué se exige en el séptimo mandamiento?

R. El séptimo mandamiento exige que preservemos nuestra propia castidad y la de nuestro prójimo, en corazón, palabra y comportamiento. (159)

(159) I Cor. 7:2-3,5; I Tes. 4:3-5.

P. 72. ¿Que se prohíbe en el séptimo mandamiento?

R. El séptimo mandamiento prohíbe todo pensamiento, palabra o acción deshonesta. (160)

(160) Mat. 5:28; Ef. 5:3-4.

P. 73. ¿Cuál es el octavo mandamiento?

R. El octavo mandamiento es "No hurtarás." (161)

(161) Ex. 20:15; Deut. 5:19.

P. 74. ¿Qué demanda el octavo mandamiento?

R. El octavo mandamiento demanda procurar y promover por medio legítimo la prosperidad y bienestar de nosotros mismos y de los demás. (162)

(162) Lev. 25:35; Ef. 4:28b; Flp. 2:4.

P. 75. ¿Qué se prohíbe en el octavo mandamiento?

R. El octavo mandamiento prohíbe todo lo que impide o tiende a impedir injustamente la prosperidad y bienestar nuestro, o de nuestro prójimo. (163)

(163) Prov. 28:19ss; Ef. 4:28a; II Tes. 3:10; I Tim. 5:8.

P. 76. ¿Cuál es el noveno mandamiento?

R El noveno mandamiento es "No hablarás contra tu prójimo falso testimonio." (164)

(164) Ex. 20:16; Deut. 5:20.

P. 77. ¿Qué demanda el noveno mandamiento?

R. El noveno mandamiento demanda mantener y promover la verdad entre hombre y hombre, así como nuestra buena fama y la de nuestro prójimo, (165) especialmente a la hora de dar testimonio. (166)

(165) Zac. 8:16; Hch. 25:10; III Juan 12.
(166) Prov. 14:5,25.

P. 78. ¿Qué se prohíbe en el noveno mandamiento?

R. El noveno mandamiento prohíbe todo lo que perjudica a la verdad, o que es injurioso para nuestro buen nombre, o el de nuestro prójimo. (167)

(167) Lev. 19:16; Sal. 15:3; Prov. 6:16-19; Luc. 3:14.

P. 79. ¿Cuál es el décimo mandamiento?

R. El décimo mandamiento es "No codiciarás la casa de tu prójimo; no codiciarás la mujer de tu prójimo, ni su siervo, ni su criada, ni su buey, ni su asno, ni cosa alguna de tu prójimo." (168)

(168) Ex. 20:17; Deut. 5:21.

P. 80. ¿Qué demanda el décimo mandamiento?

R. El décimo mandamiento exige que nos contentemos con nuestra propia condición, (169) y que tengamos siempre una justa caritativa disposición de ánimo para con nuestro prójimo, y todo lo que es suyo. (170)

(169) Sal. 34:1; Flp. 4:11; 1 Tim. 6:6; Heb. 13:5.
(170) Luc. 15:6, 9, 11-32; Rom. 12:15; Flp. 2:4.

P. 81. ¿Qué se prohíbe en el décimo mandamiento?

R. El décimo mandamiento prohíbe todo descontento de nuestra propia condición, (171) la envidia, o pesar del bien de nuestro prójimo, y todo deseo o aflicción desordenada hacia las cosas que son suyas. (172)

(171) I Cor. 10:10; Sant. 3:14-16.
(172) Gal. 5:26; Col. 3:5.

P.82. ¿Puede algún hombre guardar perfectamente los mandamientos de Dios?

R. Ningún simple hombre, desde la caída, puede en esta vida guardar perfectamente los mandamientos de Dios, mas diariamente los quebranta en pensamiento, en palabra y en hecho. (173)

(173) Gen. 8:21; Rom. 3:9ss,23.

P. 83. ¿Son igualmente detestables todas las transgresiones de la ley?

R. Algunos pecados en sí mismos, y a causa de algunos agravantes, son más detestables a la vista de Dios que otros. (174)

(174) Ez. 8:6, 13, 15; Mat. 11:20-24; Juan 19:11.

P. 84. ¿Qué es lo que todo pecado merece?

R. Todo pecado merece la ira y maldición de Dios, tanto en esta vida como en la venidera. (175)

(175) Mat. 25:41; Gal. 3:10; Ef. 5:6; Sant. 2:10.

P. 85 ¿Qué demanda Dios de nosotros, para que escapemos de la ira y maldición, que hemos merecido por el pecado?

R. Para que escapemos de la ira y maldición de Dios que hemos merecido por razón del pecado, Dios demanda de nosotros la fe en Jesucristo, el arrepentimiento para vida, (176) y el empleo diligente de todos los medios externos, por los cuales Cristo nos comunica los beneficios de redención. (177)

(176) Marc. 1:15; Hch. 20:21
(177) Hch. 2:38; I Cor. 11:24-25; Col. 3:16.

P. 86. ¿Qué es la fe en Jesucristo?

R. La fe en Jesucristo es una gracia salvadora, (178) por la cual recibimos a Cristo como nos es ofrecido en el evangelio, y confiamos solamente en Él para salvación. (179)

(178) Ef. 2:8-9 con Rom. 4:16.
(179) Juan 20:30-31; Gal. 2:15-16; Flp. 3:3-11.

P. 87. ¿Qué es el arrepentimiento para vida?

R. El arrepentimiento para vida es una gracia salvadora, (180) por la cual el pecador, movido por un verdadero sentido de sus pecados, y por haber asido la misericordia de Dios en Cristo, (181) con dolor y odio de su pecado, se convierte de ellos a Dios, (182) con plena determinación de alcanzar una nueva obediencia. (183)

(180) Hch. 11:18; II Tim. 2:25.
(181) Sal. 51:1-4; Joel 2:13; Luc. 15:7, 10; Hch. 2:37.
(182) Jer. 31:18-19; Luc. 1:16-17; I Tes. 1:9.
(183) II Cro. 7:14; Sal. 119:57-64; Mat. 3:8; II Cor. 7:10.

P. 88. ¿Cuáles son los medios externos y ordinarios por los cuales Cristo nos comunica los beneficios de la redención?

R. Los medios externos y ordinarios por los cuales Cristo nos comunica los beneficios de la redención, son sus ordenanzas, y especialmente, la Palabra, los sacramentos y la oración; todos los cuales son hechos, para los elegidos, eficaces para salvación. (184)

(184) Mat. 28:18-20; Hch. 2:41-42.

P. 89. ¿Cómo la Palabra es hecha eficaz para salvación?

R. El Espíritu de Dios hace que la lectura de la Palabra, pero especialmente la predicación de la misma, sea un medio eficaz para convencer y convertir a los pecadores, y edificarlos en santidad y consuelo, por la fe, para salvación. (185)

(185) Neh. 8:8-9; Hch. 20:32; Rom. 10:14-17; II Tim. 3:15-17.

P. 90. ¿Cómo ha de ser leída y escuchada la Palabra para que sea eficaz para salvación?

R. A fin de que la palabra sea eficaz para nuestra salvación, hemos de hacer atención a la misma con diligencia, preparación de espíritu y oración; (186) hemos de recibirla con fe y amor, guardarla en nuestros corazones, y practicarla en nuestras vidas. (187)

(186) Deut. 6:16ss; Sal. 119:18; I Pe. 2:1-2.
(187) Sal. 119:11; II Tes. 2:10; Heb. 4:2; Sant. 1:22-25.

P. 91. ¿Cómo los sacramentos vienen a ser medios eficaces de salvación?

R. Los sacramentos vienen a ser medios eficaces de salvación, no porque haya alguna virtud en ellos, o en aquel que los administra; sino solamente por la bendición de Cristo, y la operación de su Espíritu en aquellos que los reciben con fe. (188)

(188) I Cor. 3:7 con I Cor. 1:12-17.

P. 92. ¿Qué es un sacramento?

R. Un sacramento es una ordenanza sagrada instituida por Cristo; (189) la cual, por medio de signos visibles, Cristo y los beneficios de la nueva alianza, son representados, sellados y aplicados a los creyentes. (190)

(189) Mat. 28:19; Mat. 26:26-28; Marc. 14:22-25; Luc. 22:19-20; I Cor. 1:22-26.
(190) Gal. 3:27;I Cor. 10:16-17.

P. 93. ¿Cuáles son los sacramentos del Nuevo Testamento?

R. Los sacramentos del Nuevo Testamento son el Bautismo, (191) y la Cena del Señor. (192)

(191) Mat. 28:19.
(192) I Cor. 11:23-26.

P. 94. ¿ Qué es el Bautismo?

R. El Bautismo es un sacramento, en el cual el lavamiento con agua, en nombre del Padre del Hijo y del Espíritu Santo, (193) significa y sella nuestra inserción en Cristo, nuestra participación en los beneficios de la Alianza de gracia, y nuestro compromiso de ser del Señor.(194)
(193) Mat. 28:19.
(194) Hch. 2:38-42; Hch. 22:16; Rom. 6:3-4; Gal. 3:26-27; I Pe. 3:21.

P. 95. ¿A quiénes ha de administrarse el Bautismo?

R. El Bautismo no debe administrarse a los que están fuera de la Iglesia visible hasta que no profesen su fe en Cristo, y su obediencia a Él; (195) mas los hijos pequeños de los que son miembros de la Iglesia visible, han de ser bautizados. (196)

(195) Hch. 2:41; Hch. 8:12, 36, 38; Hch. 18:8. 1.
(196) Gen. 17:7; Gen. 17:9-11; Hch. 2:38-39; Hch. 16:32-33; Col. 2:11-12.

P. 96. ¿Qué es la Cena del Señor?

R. La Cena del Señor es un sacramento, por el cual, dando y recibiendo pan y vino según la ordenanza de Cristo, se representa su muerte; (197) y aquellos que dignamente lo reciben, son hechos, no de una manera corporal y carnal, sino por la fe, partícipes de su cuerpo y sangre, con todos los beneficios consiguientes, para su alimento espiritual y su crecimiento en la gracia. (198)

(197) Luc. 22:19-20; I Cor. 11:23-26.
(198) I Cor. 10:16-17.

P. 97. ¿Qué se requiere para recibir dignamente la Cena del Señor?

R. Se requiere a los que los que vayan a participar dignamente de la la Cena del Señor, que se examinen a sí mismos para discernir el cuerpo del Señor, su fe para alimentarse de Él, su arrepentimiento, amor y nueva obediencia; no sea que, viniendo indignamente, coman y beban un juicio para sí mismos. (199)

(199) I Cor. 11:27-32.

P. 98. ¿Qué es la oración?

R. La oración es un ofrecimiento de nuestros deseos a Dios, (200) acerca de cosas agradables a su voluntad, (201) en el nombre de Cristo, (202) con confesión de nuestros pecados, (203) y reconocimiento agradecido de sus beneficios. (204)

(200) Sal. 10:17; Sal. 62:8; Mat. 7:7-8.
(201) I Juan 5:14.
(202) Juan 16:23-24.
(203) Sal. 32:5-6; Dan. 9:4-19; I Juan 1:9.
(204) Sal. 103:1-5; Sal. 136; Flp. 4:6.

P. 99. ¿Qué regla nos ha dado Dios para dirigirnos en la oración?

R. Toda la Palabra de Dios es útil para dirigirnos en la oración; (205) pero la regla especial para dirigirnos es aquella oración que Cristo enseñó a sus discípulos, comúnmente llamada la Oración del Señor. (206)

(205) I Juan 5:14.
(206) Mat. 6:9-13.

P. 100. ¿Qué nos enseña el prefacio de la Oración del Señor?

R El prefacio de la Oración del Señor, que dice "Padre nuestro, que está en los cielos", nos enseña a acercarnos a Dios con toda santa reverencia (207) y confianza, (208) como hijos a un padre, (209) que puede y quiere socorrernos; (210) y también a orar con otros y por otros. (211)

(207) Sal. 95:6.
(208) Ef. 3:12.
(209) Mat. 7:9-11 con Luc. 11:11-13; Rom. 8:15.
(210) Ef. 3:20
(211) Ef. 6:18; I Tim. 2:1-2.

P. 101. ¿Qué rogamos en la primera petición?

R. En la primera petición, que dice "Santificado sea tu nombre", rogamos que Dios nos haga capaces a nosotros y a los demás hombres de glorificarlo en todo aquello por lo cual Él se da a conocer; (212) y también que Él disponga todas las cosas para su propia gloria. (213)

(212) Sal. 67:1-3; Sal. 100:3-4.
(213) Rom. 11:33-36; Apo. 4:11.

P. 102. ¿Qué rogamos en la segunda petición?

R. En la segunda petición que dice "Venga tu reino", rogamos la destrucción del reino de Satanás; (214) el progreso del reino de gracia; (215) que nosotros y los demás hombres seamos introducidos y guardados en éste; (216) y que venga pronto el reino de gloria. (217)

(214) Mat. 12:25-28; Rom. 16:20; I Juan 3:8.
(215) Sal. 72:8-11; Mat. 24:14; I Cor. 15:24-25.
(216) Sal. 119:5; Luc. 22:32; II Tes. 3:1-5.
(217) Apo. 22:20.

P. 103. ¿Qué rogamos en la tercera petición?

R. En la tercera petición, que dice "Sea hecha tu voluntad, como en el cielo así también en la tierra", rogamos que Dios, por su gracia nos haga capaces y dispuestos para conocer, obedecer y someternos a su voluntad en todas las cosas, (218) así como lo hacen los ángeles en el cielo. (219)

(218) Sal. 19:14; Sal. 119; I Tes. 5:23; Heb. 13:20-21.
(219) Sal. 103:20-21; Heb. 1:14.

P. 104. ¿Qué rogamos en la cuarta petición?

R. En la cuarta petición, que dice "Danos hoy nuestro pan cotidiano", rogamos que de la gracia libre de Dios recibamos una porción suficiente de las cosas de esta vida, y añada a ellas su bendición. (220)

(220) Prov. 30:8-9; Mat. 6:31-34; Flp. 4:11,19; I Tim. 6:6-8.

P. 105. ¿Qué rogamos en la quinta petición?

R. En la quinta petición, que dice: "Perdónanos nuestras deudas, como también nosotros perdonamos a nuestros deudores", rogamos que Dios, por amor a Cristo, perdone gratuitamente todos nuestros pecados; (221) lo cual es a lo que más se nos exhorta a pedir, porque por su gracia, somos hechos capaces a perdonar de corazón. (222)

(221) Sal. 51:1-2, 7, 9; Dan. 9:17-19; I Juan 1:7.
(222) Mat. 18:21-35.

P. 106. ¿Qué rogamos en la sexta petición?

R. En la sexta petición, que dice: "No nos metas en tentación más líbranos del mal", rogamos que Dios nos guarde de ser tentados a pecar, (223) o que nos sostenga y nos libre cuando seamos tentados. (224)

(223) Sal. 19:13; Mat. 26:41; Juan 17:15.
(224) Luc. 22:31-32; I Cor. 10:13; II Cor. 12:7-9; Heb. 2:18.

P.107. ¿Qué nos enseña el final de la Oración del Señor?

R. El final de la Oración del Señor, que dice: "Porque tuyo es el reino y el poder y la gloria por todos los siglos. Amén", nos enseña a tomar nuestro ánimo en la oración solamente de Dios; (225) y a alabarlo en nuestras oraciones, atribuyéndole a Él sólo el reino y el poder y la gloria. (226) Y en testimonio de nuestro deseo, y seguridad de ser oídos, decimos: "Amén." (227)

(225) Dan. 9:4, 7-9, 16-19; Luc. 18:1, 7-8.
(226) I Cro. 29:10-13; I Tim. 1:17; Apo. 5:11-13.
(227) I Cor. 14:16; Apo. 22:20.

Catecismo Mayor y Menor

de WESTMINTER

Made in the USA
Coppell, TX
21 May 2021